Organização do Controle Societário
na Sociedade Familiar

Organização do Controle Societário na Sociedade Familiar

2015 – Reimpressão

Sérgio Teixeira de Andrade Filho

ORGANIZAÇÃO DO CONTROLE SOCIETÁRIO NA SOCIEDADE
FAMILIAR © Almedina, 2015
Sérgio Teixeira de Andrade Filho

Diretora Editorial: Paula Valente
Diagramação: G.C. – Gráfica de Coimbra, Lda.
Design de Capa: FBA.

ISBN: 978-85-63182-27-2

Dados Internacionais de Catalogação na Publicação (CIP)
(Câmara Brasileira do Livro, SP, Brasil)

Andrade Filho, Sérgio Teixeira de
Organização do controle societário na sociedade familiar /
Sérgio Teixeira de Andrade Filho. – São Paulo : Almedina, 2012.
Bibliografia
ISBN 978-85-63182-27-2

1. Controle societário 2. Direito societário
3. Sociedade familiar - Leis e legislação I. Título.

12-08746   CDU-34:338.93

Índices para catálogo sistemático:

1. Controle societário : Sociedade familiar : Direito societário
34:338.93

Este livro segue as regras do novo Acordo Ortográfico da Língua Portuguesa (1990).

Todos os direitos reservados. Nenhuma parte deste livro, protegido por copyright, pode ser reproduzida, armazenada ou transmitida de alguma forma ou por algum meio, seja eletrônico ou mecânico, inclusive fotocópia, gravação ou qualquer sistema de armazenagem de informações, sem a permissão expressa e por escrito da editora.

Junho, 2015

Editor: ALMEDINA
Alameda Campinas, 1.077, 6º andar, Jd. Paulista
01404-001 – São Paulo, SP – Brasil
Tel./Fax: +55 11 3885-6624
editorial@almedina.com.br
www.almedina.com.br | www.grupoalmedina.net

AGRADECIMENTOS

Agradeço a valiosa contribuição do Professor Marcel Gomes Bragança Retto, orientador desta monografia de conclusão do curso de pós-graduação ("LLM – Masters of Law") em Direito Societário do Ibmec São Paulo.

Igualmente valiosos os incentivos dos Professores Jairo Saddi e André Camargo.

Aos meus pais Maria Izabel de Almeida Prado Botelho Egas e Sérgio Teixeira de Andrade por terem proporcionado a minha educação e os ensinamentos que me guiam.

Para Daniela, minha mulher, Maria Fernanda e Antonio, meus filhos.

"(...) Hegel previu que o Estado seria a unidade básica da sociedade moderna; Marx, que seria a comuna; Lenin e Hitler, que seria o partido político. Antes disso, uma série de santos e sábios disseram a mesma coisa em relação à igreja paroquial, à casa-grande do senhor feudal e à monarquia. A grande tese deste livrinho é que todos eles estavam enganados. A organização mais importante do mundo é a empresa, que é a base da prosperidade do Ocidente e constitui a melhor esperança para o futuro do resto do mundo. Com efeito, para a maioria de nós, a única verdadeira rival da empresa em termos de tempo e energia, é uma coisa em que nem pensamos: a família. (E agora, numa divertida troca, a família mais conhecida do mundo, a monarquia britânica, de cujos caprichos e favores dependiam as mais antigas companhias anônimas inglesas, refere-se a si mesma como 'a firma')". MICKLETHWAIT, John e WOOLDRIDGE, Adrian[1].

---

[1] MICKLETHWAIT, John e WOOLDRIDGE, Adrian, A Companhia: breve história de uma ideia revolucionária, Tradução de S. Duarte, Rio de Janeiro: Objetiva, 2003, p. 15.

Capítulo 1
Sociedade Familiar

1.1. Aspectos gerais

O texto transcrito acima, parte da brilhante obra que descreve o histórico da evolução das companhias, considerada pelos autores como uma ideia revolucionária, com a qual é forçoso concordar, destaca aquilo que este trabalho procura abordar, que a família é a maior rival da empresa. De fato, os empreendedores que estão à testa de seus empreendimentos vivem, na grande maioria das vezes, divididos entre o cotidiano da empresa e o de sua família. Daí a rivalidade a que se refere o texto.

Quando estes indivíduos, muitas vezes carregados de motivos emocionais que os impedem de separar a família da empresa, ou vice-versa, misturam os dois entes – que em princípio deveriam disputar apenas o tempo e a energia de seu controlador –, terminam por estabelecer uma verdadeira concorrência predatória.

Quando a família começa a fazer parte do cotidiano da empresa, pessoas que advêm do mesmo berço familiar e tiveram a mesma educação, baseada nos mesmos valores, começam a perceber (se já não perceberam dentro de casa) que são seres individuais, portanto, diferentes e que diante de um mesmo tema podem ter reflexos de inteligência (racional e emocional) antagônicos.

Essas diferenças são ressaltadas quando os familiares envolvidos no negócio, elevados a sócios sem a *affectio societatis*, advêm de ramos distintos de uma mesma família.

Em recente obra, KIGNEL e WERNER[2], sobre o tema da sociedade familiar, destacaram com propriedade:

> "Os mais nobres sentimentos humanos de amor, carinho, respeito, exemplo, moral e tantos outros que buscamos preservar e transmitir aos nossos filhos acabam convivendo lado a lado com a vida empresarial na qual prevalece eficiência, competitividade, competência e, por que não dizer, a própria necessidade de manutenção de um negócio.
>
> A empresa familiar é, assim, o somatório de elementos racionais e irracionais em uma convivência baseada simultaneamente em emoções e na sobrevivência da empresa.
>
> Por essa razão, buscamos, nesta obra, combinar esses dois elementos, que, embora antagônicos, precisam aprender a conviver, sobreviver e se fazer respeitar. No confronto direto de conceitos tão distintos se encontra espremida a família, que tenta preservar seus valores pessoais mas não pode descuidar do lado material".

Muito embora o tema seja objeto de estudo de outros segmentos do Direito, envolvendo, inclusive, outras ciências, a reflexão aqui estará centrada na relação entre o controle da atividade empresarial e os membros de uma mesma família. Cabe destacar na peculiar relação entre familiar-sócios que estes são simplesmente alçados à condição de sócios. Ao contrário do que fazem os empresários que no exercício da autonomia privada unem-se por afinidade, para envidar seus esforços para o desenvolvimento de uma atividade, os familiares já nascem sócios de pessoas que poderão não compartilhar dos mesmos valores e interesses.

A necessidade de refletir sobre a aplicação do Direito Societário a esse delicado tipo de relação é que impulsionou este trabalho, o qual procura explorar formas de controle pelos familiares sobre o patrimônio comum, de maneira próspera e sustentável – quer do ponto de vista da preservação da família, quer do ponto vista do negócio em si.

---

[2] KIGNEL, Luiz e WERNER, René A., "... e Deus criou a empresa familiar: uma visão contemporânea", São Paulo: Integrare Editora, 2007, p. 20.

1.2. A geração fundadora, o sucesso do empreendimento e o papel da cooperação

Sociedades empresariais fundadas na década de 1970, época de grande crescimento econômico do Brasil, começam a transformação que culminaria no que se verifica nos dias atuais: elas passam, neste momento, por processos de sucessão. Os fundadores estão passando seus bastões para as mãos dos seus herdeiros.

Muitas empresas já passaram por tal processo e em outras tantas ele está em curso neste momento. Dentre elas, pode-se observar a distinção entre as que tomaram o rumo da sucessão planejada e aquelas que deixaram para fazê-lo em momento póstumo.

Pesquisas[3] revelam que cerca de 73% (setenta e três por cento) dos maiores grupos privados nacionais são organizados no âmbito familiar. Por sociedade familiar, neste trabalho, entende-se aquela fundada e administrada por pessoas ligadas por laços de parentesco, fator hereditário, logo, por vínculo indissolúvel e que ainda possui, no seu centro de decisão, o fundador.

Estima-se que 65% a 80% das empresas existentes em todo o mundo são empresas familiares. Na Europa esse número supera 75%. Em Portugal 45% das 1.000 maiores empresas são pertencentes a grupos familiares[4].

A sociedade familiar apresenta, em regra, fases distintas em sua vida, mas nem sempre identificáveis para aqueles que com ela se misturam, para aqueles que a confundem com a própria família.

Das sociedades familiares que nos anos 1920 e 1930 alcançaram o sucesso, poucas sobreviveram às sucessões. Desde a sua fundação, passando pelo processo de crescimento, sob a gestão do fundador, até o seu apogeu, a sociedade familiar passa por ciclos que desembocam, na grande maioria histórica, no declínio que está ligado à falta de liderança, conflitos em família, disputa pelo controle, divisões, pulverização do patrimô-

---

[3] VELOSO, Paulo Roberto, "A pequena e a média empresa familiar no contexto da economia globalizada", Passo Fundo: UPF, 2000, p. 19.
[4] BARCELOS, Renata, Trabalho apresentado no Núcleo interdisciplinar sobre gestão em organizações não empresariais. "Nig.one" – Centro de pós-graduação e Pesquisas em administração da Universidade Federal de Minas Gerais – CEPEAD.

nio, obsolescência, crise, enfim, a sua decadência. Sobre este tema assevera LODI:

> "*Baseado em algumas centenas de estudos de caso sustenta-se a tese de que as sementes da destruição estão dentro do próprio fundador e da família, ou que a sobrevivência da empresa está na capacidade da família administrar as suas relações com a firma e evitar as forças centrífugas nas fases de sucessão*"[5]

Análises que concluem pela negativa de perpetuação da sociedade familiar são verificáveis em toda a literatura sobre o assunto. O folclore já cunhou a expressão *"pai rico, filho nobre, neto pobre"*. Tem-se a sociedade familiar quase como um bem perecível.

No entanto, a conscientização de que a organização do controle da sociedade e o planejamento da inevitável sucessão é a única maneira de perpetuar o negócio e fazer com que ela não perca valor diante da concorrência acirrada têm chamado a atenção de diversos empresários às voltas com esse tema e feito com que eles se preparem para encarar o desafio da troca de gestão entre gerações de forma menos traumática, menos emotiva, mais racional.

Como já frisado, a matéria "Sociedade Familiar" é alvo de estudo de outras áreas do conhecimento, além do Direito, em especial, da administração de empresas e da psicologia. Estudos nessas áreas também merecem a atenção de quem planeja uma sucessão visando à continuidade do negócio da família.

Quando se fala na psicologia como tema de atenção na sucessão da empresa familiar, refere-se à necessidade de conscientização de todos os legitimamente interessados, em regra os herdeiros do fundador ou fundadores, de que as diferenças pessoais surgidas no seio da família não devem contaminar o ambiente empresarial, que as emoções não devem suprimir a necessidade do planejamento sucessório racional. Os herdeiros e demais envolvidos devem se desarmar emocionalmente a fim de possibilitar que o ente sociedade familiar seja tratado com a racionalidade que o mundo dos negócios requer.

Desde a iniciação na educação da geração seguinte àquela que se encontra na gestão da sociedade, ao ingresso dos primeiros herdeiros

---

[5] LODI, João Bosco, Sucessão e conflito na empresa familiar, São Paulo: Pioneira, 1987, p. 3.

na empresa (geração júnior), trabalhando concomitantemente com a geração sênior, até o momento de saída dos fundadores e efetiva assunção do comando, todos os familiares devem ser conscientizados de que o negócio não é a família, mas para a família, portanto, a cooperação e a comunicação entre as gerações e entre os entes da mesma geração são essenciais para o bem de todos.

Identificar entre os herdeiros qual é aquele que mais reúne as características necessárias à melhor gestão do negócio é sempre uma grande batalha e motivo de conflitos às vezes insuperáveis. Evitar esse rumo que leva a sociedade, impreterivelmente, à decadência é um trabalho que merece o apoio de especialistas, psicólogos e mediadores especialmente treinados para a tarefa de conscientizar os herdeiros de que eles devem desempenhar papéis diferentes na sociedade e alguns dela se afastar e tomar outros caminhos.

O trabalho dos administradores de empresas para assessorar a criação de regras claras de gestão do negócio e priorização da saúde da sociedade em detrimento das prioridades pessoais dos sucessores são tarefas árduas, que exigem o cuidado de profissionais capacitados.

O pano de fundo do que até aqui foi colocado e o que deverá acompanhar todo este trabalho está centrado em um elemento sem o qual nenhuma sociedade prospera, principalmente se for ela familiar. Este elemento é a cooperação.

Calixto Salomão Filho destacou com a propriedade e profundidade que lhe são peculiares, em sua obra denominada "O Novo Direito Societário"[6]:

"É interessante notar que a acalentada discussão entre contratualistas e institucionalistas jamais se transportou para o conceito de sociedade. No fundo, o conceito de sociedade sempre permaneceu um conceito associativo, onde a comunhão de objetivos serve meramente para permitir explicar a natureza jurídica do contrato de sociedade e aproximar-se de uma noção concreta de contrato social ou estatuto.

Essa característica demonstra-se particularmente grave para as sociedades no Brasil, onde as sociedades e os sócios não são incentivados àquilo que (e pretendo tentar demonstrar mais adiante) parece ser o caráter co-natural de qualquer sociedade – de pessoas ou capitais – a cooperação.

---

[6] Filho, Calixto Salomão, O Novo Direito Societário, São Paulo: Malheiros, 1998, p. 54 e 55.

O caráter associativo de todo contrato de sociedade, tão bem destacado pela doutrina, revela-se entre a comunhão de interesses entre os sócios. É esse objetivo comum que os leva e deve levar à cooperação.

Note-se que esse princípio é aplicável tanto a sociedades de pessoas como de capitais. Não é a existência ou não de cooperação entre os sócios que diferencia ambos os tipos societários, mas sim a relevância da identidade dos sócios e o tipo de relação (pessoal ou não) que entre eles se estabelece.

Tanto a cooperação é necessária que, ao bem analisar a prática societária brasileira, na verdade podem-se observar dois tipos de sociedade: sociedades na prática unipessoais (ao menos em relação ao voto), onde reina a vontade do controlador e os interesses dos minoritários são meramente patrimoniais (v. infra item III, 'a'), ou sociedades onde se cria um instrumento extra-societário para alcançar a cooperação. Esse instrumento tem sido normalmente o acordo de acionistas.

Através dele cria-se um relacionamento pessoal e cooperativo entre os participantes do acordo. Sua larga difusão demonstra, de resto, a incapacidade dos tipos societários de garantir um clima cooperativo entre os sócios.

A conclusão é, portanto, que ou a cooperação é introduzida por via contratual (acordo de acionistas) ou não é possível constituir qualquer relação duradoura entre os sócios, comportando-se a sociedade com uma sociedade unipessoal de fato. Resulta clara então a importância da cooperação como elemento central da organização societária".

Este trecho do ensinamento de SALOMÃO FILHO é transcrito para que a mensagem seja de fato gravada. Nenhum tipo societário ou planejamento sucessório irá assegurar a perpetuação da prosperidade do negócio da família se entre os seus membros não houver cooperação.

1.3. A complexidade dos relacionamentos: problemas à vista

Comumente ouve-se falar em disputas judiciais entre familiares que, no afã de assumir o controle da empresa, esquecem-se de que ela não funciona bem sem que o seu comando esteja alerta e focado nos negócios.

Ganhou destaque na imprensa nacional[7] a disputa entre os irmãos Peralta pelo controle da rede de supermercado que levava o sobrenome

---

[7] Gazeta Mercantil, Caderno A, p. 12, 15.06.07. Reportagem de Wallace Nunes.

da família. A crise começou há mais de 15 anos, com a morte do genitor e fundador da rede de supermercados Peralta, em 1993. A disputa ficou ainda mais acirrada quando o Grupo Pão de Açúcar resolveu adquiri-la, em 1999.

Mesmo diante de graves desavenças ocorridas desde a morte do pai até a venda da rede para o Grupo Pão de Açúcar, os irmãos Peralta resolveram investir o valor arrecadado nas sociedades *holdings* do grupo. A disputa entre eles ainda tramita nos tribunais nacionais e não deverá terminar tão cedo.

O Grupo Pão de Açúcar também foi alvo de acirrada disputa entre os irmãos da segunda geração. O Grupo não foi à bancarrota, pois um acordo judicial permitiu que apenas uma parte da segunda geração continuasse à testa do negócio.

Em trabalho dedicado ao estudo sobre a transmissão do poder do Grupo Pão de Açúcar, Armando João Dalla Costa[8] ressalta:

> "(...) Além das dificuldades encontradas no mercado externo, o grupo passou a enfrentar o processo sucessório, pois o fundador chegou aos 73 anos em 1986. Seu sonho [do Sr. Valentim dos Santos Diniz] era poder fazer uma sucessão tranquila, esperando que fosse apenas o prolongamento da situação há anos estabelecida: todos os filhos como acionistas da empresa. Ele na presidência do Conselho de Administração da Sociedade Anônima, Companhia Brasileira de Distribuição, e os filhos homens na direção executiva. Conforme a tradição e por causa da experiência adquirida como superintendente do grupo, Abílio, o mais velho, seria seu substituto natural.
>
> Mas a cizânia substituiu a tradicional harmonia do clã. Primeiro de forma velada, depois em público, as diferentes concepções dos filhos sobre o comando do grupo deslizaram para a participação acionária de cada um e acenderam uma disputa que bateu à porta dos tribunais em 1993 e só não chegou a julgamento porque se alinhavou um acordo no dia da audiência. (DINIZ, 1998, p. 158).

A primeira parte da crise sucessória ocorreu em 1988, opondo os três filhos em cargos executivos e terminou com a saída de Alcides,

---

[8] COSTA, Armando João Dalla, Ciência e Opinião, Caderno da escola de Negócios da Unibrasil, Curitiba, v. 2, nº 2, p. 193-221, 2004.

que vendeu suas ações e estabeleceu seu próprio negócio. A segunda parte envolveu toda a família e foi encerrada em 1993, com uma redistribuição acionária que manteve apenas dois filhos na empresa: Abílio, o mais velho, e Lucília, a mais nova.

A disputa representou tal ameaça à sobrevivência da companhia que o fundador teve de reassumir a chefia para evitar o esquartejamento de sua obra em 1988, já que a saída proposta era dividir o grupo em três partes, uma para cada filho. As filhas permaneceriam na *holding*, com o controle ainda nas mãos do pai e da mãe.

A luta entre os herdeiros no Pão de Açúcar tornou-se um clássico das crônicas entre disputas de herdeiros em empresas familiares. "Vivenciei um dos maiores conflitos familiares já vividos no país", afirmou Abílio Diniz. "Sei bem o que significa quando se confunde família com empresa". Foram anos de brigas, ameaças, desavenças, divisão entre o corpo de funcionários, improdutividade e ineficiências.

De acordo com o fundador, quando se chegou à solução do primeiro episódio, o Grupo havia repensado sua organização: Abílio deveria ser liberado para as funções estratégicas, enquanto a maior parte das funções executivas passaria a ser desempenhada por profissionais contratados. O projeto de modernização administrativa foi aprovado em assembleia geral extraordinária no dia 11 de agosto de 1988".

Este caso emblemático, assim como tantos outros, é exemplo de como se pode destruir um negócio quando não se distingue a família da empresa, quando não se pensa em organizar o controle da sociedade, quando não se enfrenta o fato de que a sucessão é inevitável.

Circunstâncias atuais de uma sociedade cada vez mais complexa influem de maneira direta na família empresária, podendo ser citados: o aumento da expectativa de vida; a reprodução assistida; os filhos *post mortem*; as uniões homoafetivas; a maioridade civil aos 18 anos; os testes de DNA, entre outros.

Todos estes elementos adicionados aos já antigos e conhecidos fazem com que a atenção ao controle da sociedade familiar seja redobrada a cada dia.

1.4. Momento de preparar a sucessão

A ideia de que só se pensa na sucessão do controle da sociedade familiar após a retirada do fundador ou de sua morte é um paradigma que aos poucos vai desaparecendo, muito embora ainda esteja presente.

Estudiosos da sociedade familiar aconselham que a sucessão seja tratada enquanto o fundador estiver no apogeu de sua carreira. LODI[9], falando sobre o momento de se iniciar o planejamento sucessório, afirma:

> *"Transfira o comando do seu negócio um pouco antes do que o senhor gostaria. Saia enquanto estiver em pleno vigor físico e mental e enquanto detiver o controle".*

Cada sociedade familiar possui peculiaridades que levam a afirmar que não há modelo de sucessão, portanto, cada núcleo familiar deve buscar a sua solução única.

No entanto, algumas formas de controle sobre a propriedade da sociedade familiar vêm sendo utilizadas com êxito, tornando a sucessão mais organizada, logo, mais previsível e menos vulnerável às disputas indesejadas.

Diversas são as opções legais que podem ser utilizadas para a proteção da sociedade familiar, todas elas, frise-se, visando o patrimônio da família, constituído a partir de um negócio fundado por um ou mais de seus membros.

A proteção que se almeja, além do risco da dinâmica inerente à própria família, também é contra riscos variados, tais como políticos, cambiais, tributários, financeiro e processual.

A mitigação de desgastes familiares que normalmente surgem no momento *post mortem* e a racionalização da distribuição da herança de acordo com a vontade do controlador de todo o patrimônio, geralmente o fundador do negócio, são medidas que também protegem a família de suas próprias dificuldades naturais.

A família empresária pode ser analisada no seu próprio âmbito, basicamente, em quatro distintos momentos, os chamados ciclos[10]:

---

[9] LODI, João Bosco, Sucessão e conflito na empresa familiar, São Paulo: Pioneira, 1987, p. 10.
[10] ANDRADE, Fábio Botelho Egas Teixeira de, Aspectos jurídicos das empresas familiares e função social do advogado, Trabalho de conclusão do curso de especialização em planejamento sucessório da Fundação Getúlio Vargas, GV Law, São Paulo, 2005.

(i) A JOVEM FAMÍLIA EMPRESÁRIA: com geração adulta abaixo dos 40 anos, com filhos, se houver, abaixo dos 18. Nesse momento já é necessário pensar em uma empresa condizente com o casamento e fazer escolhas sobre o relacionamento com os outros membros da família;

(ii) FILHO ENTRANDO NA EMPRESA: a geração sênior tem entre 35 e 55 anos e a júnior entre 13 e 20 anos. Surge a questão da transição de meia-idade e a necessidade de individualizar a nova geração, identificando os talentos ideais e facilitando a decisão profissional dos filhos.

(iii) TRABALHANDO JUNTO COM A GERAÇÃO SEGUINTE: nesta fase a geração sênior está entre 50 e 65 anos e a júnior entre 20 e 45. Fomentar a comunicação entre as gerações e encorajar conflitos administrativos produtivos é importante. A terceira geração da família já deve estar sendo pensada e aqueles que estão trabalhando na empresa devem assumir "trabalhos reais"; e

(iv) PASSANDO O BASTÃO: a geração sênior ultrapassou os 60 anos e deve desengajar-se do cotidiano da empresa. Neste momento se dá de fato a transferência da liderança da família para outra geração.

O momento que se denominou "*passar o bastão*" deverá coincidir com o momento de maturidade do negócio. A empresa deverá estar estabilizada na sua estrutura organizacional, com sólida base de clientes, administradores seniores, entre outros elementos que, juntos, propiciam o melhor cenário para que a sucessão seja realizada.

E, aqui, cabe dispensar alguma atenção a alguns instrumentos legais atuais, pessoas jurídicas denominadas <u>fundos de investimentos em participação</u> ("FIP'S") que possibilitam o regramento da sucessão, com vantagens tributárias importantes, dos bens pessoais dos familiares empresários, assim como da própria empresa da família.

Os referidos "FIP's" que vêm, pouco a pouco, cumprindo importante função quando o assunto é a perpetuação do negócio familiar, e do controle acionário da sociedade empresária da família, tema deste trabalho.

Regulados basicamente por normas editadas pela Comissão de Valores Mobiliários ("CVM") – instruções normativas nº 391, 409, 450, exemplificando –, tais fundos destinam-se a abrigar e concentrar os bens da família – aqui incluída as ações, quotas societárias e demais valores mobiliários.

Visa ainda à sucessão dos bens da família dentro desta organização e figura jurídica-fundo que, de seu turno, terá todas as suas regras estipuladas em seus atos constitutivos, mais precisamente em seu Regulamento do Fundo Familiar de Investimento em Participações, do qual farão parte todas as regras atinentes, por exemplo, à transferência *mortis causa* das quotas do fundo, seus quotistas integrantes, individualmente considerados, com vedação expressa de ingresso de terceiros estranhos aos membros familiares. Busca-se com isso, também, as corriqueiras e indesejáveis batalhas judiciais em inventários intermináveis. Valerá, antes da lei, e por regra específica que é, o que determinar o Regulamento do Fundo.

Outro benefício do planejamento sucessório – e que refletirá diretamente no capital do negócio familiar – é justamente permitir a racionalização da carga de tributos a pesar sobre o negócio familiar – a elisão tributária.

O negócio familiar deve ser sempre pensado como ente composto por PESSOAS – seus desejos e suas limitações – diferentes que são umas das outras, assim como diversas são as empresas umas das outras, indo invariavelmente ao encontro da sua função social, a da empresa e a da família, na sociedade como um todo vivo e dinâmico.

Visto isso, deflui quase que naturalmente a importância de planejar, visando estabelecer regras claras que poderão ser invocadas em cada um dos momentos acima destacados, na medida em que se fizerem necessárias, sob pena de cobranças e expectativas vazias – mais ou menos justas – e o comprometimento do próprio negócio. Tendo-se sempre a certeza de que "a vida é movimento".

E é nessa ideia, de ciclos e momentos, que deve ser pensado o planejamento, na direção de otimizar possibilidades do negócio, com criatividade e organização.

Aguçando os sentidos e as percepções é que devem ser aproveitados os momentos de harmonia – *timing* – e se dar início à racionalização da estrutura sucessória, de gestão e da propriedade.

De todas as medidas que podem integrar o que nos dias atuais se denomina planejamento sucessório, o foco deste trabalho estará no controle da sociedade. E é quando se fala em controle que se encontra a grande dificuldade de início da sucessão.

O controlador da sociedade, geralmente o seu fundador, por razões que a psicologia explica, não possui o necessário desapego do comando do negócio que ele construiu e que sabe gerir como ninguém.

Acontece que a sua retirada é inevitável. Ao contrário da empresa, o seu fundador não sobreviverá aos tempos e a sua retirada é uma questão certa, e não tão indeterminável. Mas é preciso estar disposto a encarar essa realidade e tratá-la como algo que não é maléfico, que não determina o fim da vida útil da pessoa do controlador, o fim do seu caminho, mas sim um passo salutar a ser dado – como todos aqueles outros dados no passado, que, juntos, sedimentaram o caminho do sucesso do empreendimento.

Este passo é fundamental para que a vida do empreendimento se estenda para além da vida biológica do seu fundador. Este é o mote do movimento que deve ser iniciado para que o controle da empresa seja moldado para garantir a sucessão harmoniosa, econômica e eficiente, consolidando a posteridade do negócio.

Muitas vezes é necessário o trabalho de profissionais da psicologia, especialmente preparados para lidar com esse tipo de situação. E as partes não devem resistir à experiência, pois são notórios os benefícios que podem advir desse trabalho.

A sucessão, no âmago da família, deve de fato começar antes, desde a formação moral, ética e educacional dos filhos e a identificação daqueles que possuem maior vocação e personalidade para o negócio. Diversas outras recomendações também são feitas por profissionais especializados até que seja alcançado o ponto que aqui é tratado, que é a análise e modificação, se for o caso, da estrutura societária.

Tais medidas, por disporem sobre a relação jurídica dos entes da família com as suas propriedades, devem ser analisadas com todo o cuidado necessário para que não conduza as partes envolvidas a falsas expectativas e engendrem conflitos insuperáveis. Uma avaliação errônea dos direitos que estarão sendo disponibilizados pode causar prejuízos irrecuperáveis a todos os envolvidos, inclusive com a imputação de responsabilidade civil do profissional do direito que estiver à frente dos aconselhamentos e execução dos trabalhos.

1.5. O Direito de Família no Código Civil de 2002

Antes, porém, de se adentrar no mérito das relevantes formas de controle da sociedade familiar, cabe fazer uma breve reflexão sobre as recentes alterações introduzidas no ordenamento jurídico nacional pelo Código Civil de 2002, em especial nas relações jurídicas de Direito de Família.

Trata-se aqui de uma abordagem importante do tema da sucessão na sociedade familiar, aquela feita sob a ótica do Direito de Família.

O Código Civil de 2002 trouxe alterações não menos importantes no que toca ao Direito de Empresa. A matéria foi amplamente revista e introduzida no seu Livro II, que surtiu efeitos imediatos sobre as relações jurídicas dos empresários com as sociedades das quais participam.

No Direito de Família, uma das grandes alterações foi a inclusão do cônjuge no rol de herdeiros necessários. Essa novidade, juntamente com o regime de bens dos cônjuges, causa impacto direto na situação patrimonial da família e, portanto, no planejamento de uma sucessão. Daí merecer a devida atenção.

Segundo a nova ordem da vocação hereditária, prevista no artigo 1.829, Livro V "O Direito Das Sucessões", Título II "Da sucessão legítima", Capítulo I "Da ordem de vocação hereditária", do Código Civil, a sucessão legítima defere-se na ordem seguinte:

> "(...) I – aos descendentes, em concorrência com o cônjuge sobrevivente, salvo se casado este com o falecido no regime da comunhão universal, ou no da separação obrigatória de bens (art. 1.640, parágrafo único); ou se, no regime da comunhão parcial, o autor da herança não houver deixado bens particulares; II – aos ascendentes, em concorrência com o cônjuge; III – ao cônjuge sobrevivente; IV – aos colaterais".

O regime de bens entre os cônjuges pode ser alterado em juízo, segundo o Código Civil de 2002, o que era vedado pela lei anterior. Dispôs o artigo 1.639, parágrafo segundo, que:

> "É admissível alteração do regime de bens, mediante autorização judicial em pedido motivado de ambos os cônjuges, apurada a procedência das razões invocadas e ressalvados os direitos de terceiros".

A união estável recebeu tratamento específico da lei civil. Os conviventes, na ausência de contrato escrito, participam nos bens adquiridos onerosamente na vigência da união estável, conforme dispõe o artigo 1.790 do Código Civil.

Os conviventes concorrem em quotas equivalentes às que forem atribuídas por lei aos filhos comuns (inciso I do artigo 1.790 do Código Civil). Se concorrer com descendentes só do autor da herança, terá direito à metade do que couber a cada um deles. Concorrendo com outros parentes sucessíveis, terá direito a um terço da herança. E terá direito à integralidade da herança se não houver parentes sucessíveis.

A tabela abaixo procura ilustrar os regimes de bens[11] entre os cônjuges e o seu reflexo patrimonial na sucessão:

	Bens adquiridos a título oneroso antes do casamento	Bens recebidos por herança	Bens adquiridos a título oneroso após o casamento	Dívidas antes do casamento
Comunhão Total	Comunicam-se	Comunicam-se (salvo cláusula de incomunicabilidade)	Comunicam-se	Comunicam-se (apenas se revertem em proveito comum)
Separação Total	Não se comunicam	Não se comunicam	Não se comunicam	Não se comunicam
Separação Obrigatória	Não se comunicam	Não se comunicam	Não se comunicam	Não se comunicam
Comunhão Parcial	Não se comunicam	Não se comunicam	Comunicam-se	Não se comunicam
Participação de Aquestos	Não se comunicam	Não se comunicam	Comunicam-se os adquiridos em conjunto. Não se comunicam os adquiridos individualmente	Não se comunicam
União Estável	Não se comunicam	Não se comunicam	Comunicam-se, salvo se houver acordo assinado fixando separação de bens	Não se comunicam

---

[11] Extraída do material de exposição da palestra proferida pelo Dr. Álvaro Luís Fleury Malheiros, em seminário sobre Planejamento Sucessório, realizado em 15 de março de 2007.

A questão do Direito de Família, no que toca à organização do controle com vistas à sucessão, sua previsibilidade e a diminuição das indesejáveis disputas entre familiares, pode ser ainda mais explorada em outra sede.

Instrumentos legais como as cláusulas de incomunicabilidade, inalienabilidade e impenhorabilidade também merecem destacada atenção nesse tema.

O tema é por demais amplo e interessante. Mas é nas formas de controle das sociedades empresárias que passaremos a nos concentrar.

Capítulo 2
O Controle

2.1. Aspectos gerais

O tema "controle de sociedades" sugere aos mais desatentos a abordagem também do conceito de propriedade. Não raro os operadores do Direito relacionam a propriedade ao controle direto sobre ela.

Já há algum tempo se nota que o controle das sociedades não é mais estritamente ligado à propriedade. Tecnocratas passaram a ter uma participação importante na vida das sociedades. Em muitas delas, principalmente nas companhias de grande porte e capital aberto, nos Estados Unidos da América, conforme assevera Marcel Gomes Bragança Retto[12], na obra Sociedades Limitadas, o controle passou às mãos dos administradores, por meio do sistema acionário.

Fábio Konder Comparato[13], na obra *O poder de controle na sociedade anônima*, assevera que as formas de controle não se resumem àquelas decorrentes da titularidade de ações, pois o domínio da sociedade pode ocorrer por meio de instrumentos contratuais ou vínculos econômicos.

BERLE e MEANS[14] afirmam na obra-referência sobre esse tema que:

"À medida que a riqueza em ações foi-se dispersando amplamente, a propriedade dessa riqueza e o controle sobre ela deixaram cada vez mais de estar nas mes-

---

[12] RETTO, Marcel Gomes Bragança, Sociedades. Sociedades Limitadas, Barueri: Manole, 2007, p. 160.
[13] *Apud* RETTO, Marcel Gomes Bragança, *ob. cit.*, p. 161.
[14] *Ob. cit.*, p. 85.

mas mãos. No sistema de sociedade anônima, o controle sobre a riqueza produtiva pode ser e está sendo exercido com um mínimo de interesse na propriedade. Possivelmente pode ser exercido sem nenhum interesse desse tipo. Propriedade da riqueza sem um controle apreciável e controle da riqueza sem uma propriedade apreciável parece o resultado lógico do desenvolvimento das sociedades anônimas".

Ainda sobre a separação da propriedade e do controle, merece destaque o importante comentário de Luiz Gastão Paes de Barros Leães[15], também citando Berle e Means:

"Identificado, porém, o fenômeno da separação entre a 'propriedade' e o 'controle' no seio da sociedade anônima, mormente com o aparecimento das macroempresas na economia industrial avançada, evidenciou-se que a estrutura do poder consagrada pela lei era mais formal do que real, estabelecendo-se centros de poder que raramente coincidiam com a praxis. Com efeito, como mostraram Berle Jr. e Means em obra clássica, publicada em 1932 com o título The Modern Corporation and Private Property, *uma das mais sérias conseqüências ocasionadas pelas sociedades anônimas foi a profunda alteração no sistema capitalista da propriedade privada. No sistema clássico, o conceito de propriedade, como* jus utendi, fruendi et abutendi, *significava que o proprietário detinha o poder de dispor da propriedade dos bens, sobre usar e gozar inteiramente de seus frutos. O acionariato, porém, com sistema de propriedade, dissociou essa unidade consagrada desde o direito romano, distinguindo a gestão da fruição da propriedade, de modo a propiciar ao proprietário o gozo dos frutos, mas sonegando-lhe a gestão dos bens investidos, pois o acionista, ao subscrever ou adquirir, com seus cabedais, o título acionário, via de regra destaca de si, mormente nas companhias de mercado, o direito de administrá-lo, mesmo porque há vários tipos de acionistas, conforme a motivação que os tenha levado a investir em ações: há o acionista-rendeiro, que pretende das ações apenas a constituição de um patrimônio rentável; há o acionista-especulador, mais preocupado com as variações de mercado, onde pretende fazer lucros; e há o acionista-empresário, que pretende o domínio da empresa. Portanto, a posição de proprietário, para o acionariato,*

---

[15] LEÃES, Luiz Gastão Paes de Barros, Comentários à Lei das Sociedades Anônimas, São Paulo: Saraiva, 1978, vol. 2, p. 250 e 251.

com exceção apenas desse último tipo, passou de agente ativo para passivo da propriedade privada".

No mesmo sentido é o comentário de FRAN MARTINS, citando COMPARATO[16].

COMPARATO[17] dá o merecido destaque ao anunciado por Karl Marx sessenta anos antes da publicação da pesquisa de BERLE e MEANS:

"Confira-se, por exemplo, o que escreveu Marx no livro III de O Capital, sessenta anos antes da publicação da pesquisa de A.A. Berle Jr. e G. Means: ' A produção capitalista chegou a tal ponto que o trabalho de direção geral (Oberleitung), completamente separado da propriedade do capital, anda à solta. Daí já não ser necessário que esse trabalho de direção geral seja desempenhado pelo capitalista. Um chefe de orquestra não precisa, minimamente, ser proprietário dos instrumentos da orquestra, e tampouco é da sua função de dirigente ter algo que ver com os salário dos demais músicos (...)".

A construção oferecida pelos trechos das obras transcritas permite concluir que a propriedade não é mais, dentro do sistema acionário que rege os grandes conglomerados empresariais, o bem mais apreciado. O controle sobre a riqueza produtiva, muitas vezes exercido sem qualquer interesse na propriedade, é o bem maior almejado. O interesse não está mais em como deter a propriedade, mas sim em como deter o controle.

---

[16] MARTINS, Fran, Comentários à lei das sociedades anônimas, Rio de Janeiro: Forense, 1984, p. 90:
"Na sua tese o Prof. Comparato se estende sobre os vários problemas relativos ao controle interno ou externo na moderna sociedade anônima, estudando e criticando os seus diversos aspectos. Não quis o autor apresentar uma conclusão, preferindo expor o problema para que o mesmo seja meditado. Ainda assim conclui-se que não só o autor reconhece a dissociação entre propriedade de ações e controle das sociedades anônimas como, igualmente, espera que o legislador brasileiro volte as suas vistas para o assunto, não apenas reconhecendo esse poder de controle sobre as sociedades anônimas como também editando 'regras adequadas e remédios jurídicos apropriados' para a efetivação das responsabilidades do controlador".
[17] COMPARATO, Fábio Konder e Filho, Calixto Salomão, O poder de controle na sociedade anônima, Rio de Janeiro: Ed. Forense, 2005, p. 51, nota 1.

2.2. Conceito de Controle

BORBA[18] assevera que o controle "*é uma forma de poder*".

A Lei das Sociedades Anônimas procurou, no artigo 116, delimitar a noção de controle ao definir que o controlador é a pessoa, natural ou jurídica, ou grupo de pessoas atreladas por acordo de votos, ou sob controle comum que: (i) é titular de direitos de sócio que lhe assegurem, de modo permanente, a maioria dos votos nas deliberações da assembleia geral e o poder de eleger a maioria dos administradores; e (ii) usa efetivamente esse poder para dirigir as atividades sociais e orientar o funcionamento dos órgãos da companhia. O artigo 243 da LSA também faz menção ao controle, utilizando parcialmente os requisitos listados no artigo 116.

O Código Civil vigente, no capítulo das sociedades limitadas, faz menção indireta ao conceito de controle no artigo 1.066, § 1º. Mais adiante na lei, no capítulo reservado às sociedades coligadas, artigos 1.097 e 1.098[19], volta a tratar do assunto. Este último dispositivo é mais direto ao definir a empresa controlada, utilizando-se para tal dos mesmos requisitos do artigo 116 da LSA.

CARVALHOSA[20], ao comentar o artigo 1.098 do Código Civil, ressalta que tal previsão traz uma definição legal de sociedade controlada, dividindo a situação de controle ali explicitada em duas hipóteses, sendo a primeira de controle direto de outra pessoa jurídica, e a segunda de controle indireto pelo encadeamento de sociedades. Destaca ser este último o caso de *holding* controladora de todo um grupo empresarial, que ra-

---

[18] BORBA, José Edwaldo Tavares, Direito Societário, 9ª ed. rev., aum. e atual., Rio de Janeiro: Renovar, 2004, p. 333.

[19] O Projeto de Lei nº 7.160/2002 pretende a inclusão do artigo 1.098-A no Código, com seguinte redação:
"*Entende-se por controlador a pessoa, natural ou jurídica, ou o grupo de pessoas vinculadas por acordo de voto, ou sob controle comum, que: I – seja titular de direitos de sócio que lhe assegurem, de modo permanente, a maioria dos votos nas deliberações e o poder de eleger a maioria dos administradores da sociedade; e II – usa efetivamente seu poder para dirigir as atividades sociais e orientar o funcionamento dos negócios sociais*". Fuiza, Ricardo (coord.) Novo Código Civil comentado, p. 1.015. Comentário extraído da obra citada de RETTO, Marcel, nota 91, p. 166.

[20] CARVALHOSA, Modesto, Comentários ao Código Civil: parte especial: do direito de empresa (artigos 1.052 a 1.195), volume 13, coord. Antônio Junqueira de Azevedo, São Paulo: Saraiva, 2003, p. 423.

mifica esse controle para outras sociedades também *holdings* intermediárias ou empresas operacionais ou não operacionais, as quais controlam outras, operacionais, conforme o organograma do grupo. O trabalho, adiante, voltará ao tema das *holdings* quando tratar das formas de organização do controle.

Borba[21] parte da premissa de que controla uma sociedade quem detém o poder de comandá-la escolhendo os seus administradores e definindo as linhas básicas de sua atuação. Esse poder exerce-se a partir do voto e se manifesta, basicamente, nas assembleias gerais. Fora da assembleia, a extensão desse controle verifica-se na dependência que têm os administradores na tomada de decisão sobre o negócio da sociedade em relação ao titular do poder de controle.

Quando se refere ao acionista controlador, cabe lembrar que ele também pode ser, nos termos do artigo 116 da Lei das Sociedades Anônimas, um grupo atrelado por acordo de acionistas. Oportunamente, será tratada a questão do acordo de acionistas ou de quotistas em capítulo especialmente dedicado.

Outro dispositivo do Código Civil que merece atenção ao se tratar do controle societário é o artigo 50. Cuida este dispositivo da responsabilização do sócio ou administrador por atos praticados com desvio de finalidade ou confusão patrimonial. A pessoa jurídica, desde a sua criação, deve perseguir o seu objeto social. A circunscrição da responsabilidade do sócio da limitada, nas palavras de Marcel Retto[22], não é um fim em si mesmo ou não comporta axioma inexorável. Essa limitação é garantida pela lei desde que a sociedade esteja sendo utilizada de acordo com o propósito ao qual se vinculou.

Ricardo Ferreira de Macedo[23], citando Carlo Pasteris, conceitua precisamente o que denomina noção material de controle:

"A construção oferecida pelo autor italiano é tão simples quanto precisa ao explicitar que o conteúdo de uma relação de controle reside em uma influência

---

[21] *Ob. cit.*, p. 334.
[22] *Ob. cit.*, p. 167.
[23] Macedo, Ricardo Ferreira de, Controle não societário, Rio de Janeiro: Renovar, 2004, p. 99 e 100.

estável exercida por um sujeito sobre o outro, de forma a que a vontade desse último seja endereçada no sentido desejado pelo primeiro.

Nesses termos, ao se falar na formação da metaforicamente (ou 'impropriamente", como quis Tavares Guerreiro) denominada 'vontade social', que resulta, de acordo com as úteis rotinas de raciocínio propostas por Jensen e Meckling, de uma relação de ajuste de tensão entre os interesses veiculados pelos diversos claimants *da empresa, 'vontade' na esfera daquele* claimant *cujo interesse, qualquer que seja a forma de sua veiculação, mostre-se preponderante em relação aos demais na lógica desse ajuste.*

O poder de controle sobre uma empresa emerge, assim, da possibilidade fática de exercício de uma influência determinante sobre a gestão do conjunto de relações que integram o patrimonio aziendale, *e nada além disso"* (sic).

Merece ainda destaque a menção à obra de CHAMPAUD *"Le pouvoir de concentration de la société par actions"*, feita por RETTO[24], que assevera:

"o poder de controle sempre havia sido estudado segundo o direito das obrigações, sob o (sic) perspectiva do inter-relacionamento societário. Teríamos, portanto, uma sociedade, mãe, que controlaria outras sociedades, filhas. A relação seria entre pessoas. Champaud pondera que o entendimento do tema pressupõe uma mudança de enfoque, pois o controlador tem interesse em dominar os bens sociais, e por isso o controle deve ser analisado sob o ângulo do direito das coisas".

O conceito de controle fica no entorno dos atributos do instituto da propriedade, ainda que dele se separe como visto. *"Daí o conceito de controle como o direito de dispor de bens de outrem como um proprietário"*[25], mesmo que se admita que com a propriedade não se confunda.

Nesse mesmo sentido é importante a referência à clássica obra de COMPARATO[26], também citando a de CHAMPAUD e seus estudos da relação do controle sobre bens alheios e o direito de propriedade.

---

[24] *Ob. cit.*, p. 162.
[25] RETTO, *ob. cit.*, p. 162.
[26] COMPARATO, *ob. cit.*, p. 121/122.

2.3. Natureza jurídica do controle

Como é extraído da letra dos artigos 116 e 117 da Lei das Sociedades Anônimas, o controlador tem deveres e responsabilidades para com os demais acionistas da empresa, os que nela trabalham e para com a comunidade em que atua, cujos direitos e interesses deve lealmente respeitar e atender.

O artigo 117 da Lei Acionária prevê uma lista do que considera atos abusivos, atribuindo ao controlador responsabilidade pelos danos causados pela prática de tais atos. Em seu parágrafo 1º, *a*, estatui que é considerado exercício abusivo de poder a orientação da companhia com fim lesivo ao interesse nacional, ou levá-la a favorecer outra sociedade, em prejuízo da participação dos acionistas minoritários nos lucros ou no acervo da companhia, ou da economia nacional. Na alínea *b*, positiva a abusividade do controle como a promoção da liquidação de companhia próspera, ou a transformação, incorporação, fusão ou cisão da companhia, com o fim de obter, para si ou para outrem, vantagem indevida, em prejuízo dos demais acionistas, dos que trabalham na empresa ou dos investidores em valores mobiliários emitidos pela companhia.

Ademais, RETTO assevera, comentando a natureza jurídica do poder de controle:

> *Interessante observar que, a despeito de não constar do parágrafo único do art. 116 a responsabilidade do controlador face aos credores, o art. 117, § 1º, b, faz menção aos investidores em valores mobiliários, incluindo, portanto, os debenturistas que são, em verdade, credores da companhia".*

O já referido artigo 50 do Código Civil impõe a desconsideração da personalidade jurídica para responsabilizar o administrador ou sócio que desviar a finalidade da pessoa jurídica ou dela abusar.

O exercício do controle implica prerrogativas e funções de interesse social que devem ser estritamente observadas por aquele que o exerce, sob pena de imputação de responsabilidades. É o controlador, arrisca-se afirmar, um centro de imputação de direitos e deveres.

Do quanto referido se extrai que o controle é um poder-dever, a meio caminho entre o *jus* e o *munus*, nas palavras de COMPARATO[27].

---

[27] *Ob. cit.*, p. 131.

2.4. Tipos e Situações de Controle

Como visto nos itens anteriores, o controle é direito (poder) de disposição de bens alheios, que pode ser exercido em diversas situações e de formas variadas, conforme a organização da pessoa jurídica.

E é justamente a relação entre a pessoa jurídica e o controlador (pessoa natural ou jurídica) que pode ter variantes que a doutrina clássica houve por bem dividir em interno e externo, havendo ainda subdivisões que serão exploradas a seguir.

2.4.1. Controle interno

Denomina-se controle interno aquele exercido pelo titular de direito de sócio, seja unipessoal, majoritário, minoritário, gerencial, mas sempre por determinação ou representação deste. O seu centro decisório está alocado na estrutura orgânica da empresa, na pessoa de um sócio ou grupo de sócios ou eventualmente de um administrador por estes nomeados. Em outras palavras, quem determina a orientação final dos negócios da empresa são acionistas ou administrador da sociedade nomeados por aqueles.

BERLE e MEANS[28] sustentam que há cinco tipos e situações de controle – *que são adotadas neste trabalho* – muito embora entendamos que não há demarcação nítida que os separe. Todos eles são orgânicos e, portanto, internos. Eles são classificados da seguinte maneira: (i) controle através da propriedade quase total; (ii) controle majoritário; (iii) controle através de mecanismo legal – sem propriedade majoritária; (iv) controle minoritário; e (v) controle administrativo.

2.4.1.1. Controle através da propriedade quase total

Esse tipo de controle é exercido por uma única pessoa, ou pequeno grupo de sócios, que se encontra em situação de proprietário de quase todas as ações e que utiliza esses poderes de majoritários para determinar a administração da sociedade.

Importante frisar que não se está aqui diante de um caso de sociedade unipessoal.

---

[28] *Ob. cit.*, p. 85.

O controle da propriedade quase total das ações, no entanto, não gera, devido às suas óbvias características, conflito de interesse entre sócios[29], tampouco, pode, para fins deste trabalho, ser aproveitado para o aprofundamento da discussão sobre o controle da sociedade familiar.

2.4.1.2. Controle majoritário

Este tipo de controle é exercido por um acionista ou por um grupo com base na propriedade da maioria das ações ou quotas. A titularidade dos direitos de sócio, neste caso, advém da propriedade das quotas ou ações. Não há nenhum tipo de mecanismo legal para o exercício do direito de sócio.

Verifica-se a partir deste tipo a distinção entre a propriedade e o controle. O indivíduo, ou o pequeno grupo, que detém a propriedade da maioria das ações possui poderes para determinar a gestão da empresa, selecionando os diretores e o conselho, se houver.

O poder absoluto desta maioria pode ser abrandado conforme as características da minoria existente. Uma minoria organizada, apta a questionar os atos de gestão da maioria, tanto nas assembleias quanto nos tribunais, pode moderar o poder de controle.

Por outro lado, no caso de a minoria ser composta por um grande número de acionistas, o que implica a dispersão de ações e dificuldade de organização, o poder da maioria fica fortalecido, evidenciando-se para os minoritários, neste caso, a separação entre a propriedade e o controle.

Cabe frisar que a atribuição de controle a uma maioria é geralmente aceitável e uma consequência natural do aprimoramento das relações jurídico-econômicas. Com o aumento da competitividade e a necessidade de incremento dos fatores de produção, as empresas são levadas

---

[29] Calixto Salomão Filho, em sua obra de co-autoria com Fábio Konder Comparato, (*ob. cit.*, Nota de Texto 6, p. 53) destaca que, embora esse tipo de sociedade controlada através da quase totalidade das ações não se confunda com a sociedade unipessoal, não se pode descartar que o conflito de interesse em sentido próprio, i.e., aquele entre sócio e sociedade, pode existir. E afirma que mesmo na sociedade unipessoal o artigo 115 da LSA pode ser invocado para fins de desconsideração da personalidade jurídica por credores que possam ter perdido garantias por força de conflito de interesse do controlador.

ao crescimento. Isto trouxe o capital de terceiros estranhos à história da empresa. Para manter-se gerenciável o negócio, é necessário que haja um centro de poder de decisão. Buscar a unanimidade em todo o acionariato é algo impossível e com altíssimos custos de transação. Daí a funcionalidade do princípio majoritário.

A perda de controle não é grave, como afirmam BERLE e MEANS[30]. Para estes autores, somente quando os interesses da maioria e da minoria se opõem em certo grau e os interesses da minoria não são protegidos por uma lei passível de execução, é que há possibilidade de que os proprietários minoritários sofram. Mas, arrematam os autores, esse é um risco que os minoritários devem correr, decorrentes de um empreendimento de grupo.

Há que se frisar ainda, em oposição ao que foi afirmado no primeiro parágrafo deste subitem, na passagem em que se referiu às empresas nacionais, que o controle por maioria, nas grandes empresas das economias desenvolvidas, é o mais raro, devido ao seu alto custo. Com maior frequência, nas economias desenvolvidas, repita-se, o controle é mantido com uma proporção pequena de propriedade.

2.4.1.3. Controle por meio de mecanismo legal

BERLE e MEANS exemplificam o controle por meio de mecanismo legal invocando o controle piramidal ou em cadeia num grupo societário, a emissão de ações sem direito a voto ou com voto limitado e o *voting trust*[31].

Esta terceira espécie de controle – na classificação de Berle e Means – é, no entanto, criticada por COMPARATO[32]. Sustenta o autor que é somente o *voting trust* que realmente pode ser diferenciado dos demais tipos de controle, devido à sua peculiaridade de *"dissociar direitos de vários titulares sobre uma mesma coisa"*.

Sobre o sistema piramidal, CARVALHOSA[33] classifica-o como controle indireto. Usando do conceito de *holding* (que será tratado mais adiante

---

[30] *Ob. cit.*, p. 87.
[31] *Apud* COMPARATO, *ob. cit.*, p. 64.
[32] *Ob. cit.*, p. 64.
[33] *Ob. cit.*, p. 425.

em item próprio), assevera que os grupos empresariais de grande porte costumam organizar o controle a partir de uma empresa *'holding-mãe'* que controla outras *holdings*, as quais, por sua vez, controlam determinadas sociedades operacionais. E, continua assinalando o autor, esse sistema piramidal de *holdings* sucessivas de controle tem como função acomodar participações diversas no nível intermediário do grupo.

A utilização de ações sem direito a voto ou com direito de voto limitado também é classificada como espécie de controle por meio de mecanismos legais. Muitas vezes esse tipo de ação é utilizado no sistema piramidal para acelerar a diluição da propriedade das ações, sem, no entanto, ceder poder de controle para os demais acionistas.

Com a utilização do sistema piramidal, o controle pode ser mantido com um investimento extremamente pequeno e o poder pode ser exercido sobre grandes aglomerados empresariais com pequenas participações de capital. Neste processo tem-se nítida a separação da propriedade legal do controle.

2.4.1.4. Controle Minoritário

Esta espécie pode ser definida como o controle exercido a partir de um número de ações inferior à metade do capital votante.

O controle minoritário verifica-se a partir do momento em que determinado acionista é detentor de número de ações inferior à metade do capital votante e inexiste outro acionista com número de ações maior que o seu. Neste caso, o acionista minoritário consegue amealhar votos de outros acionistas – em geral capitalistas dispersos sem interesse na administração da companhia – por meio de mandatos, para as assembleias anuais. Este acionista ou grupo de acionistas minoritários, usando deste expediente legal, consegue nomear os administradores da empresa e assim determinar suas diretrizes e atuação.

A legislação brasileira reconhece, ainda que implicitamente, o controle minoritário quando estatui que a assembleia geral instala-se em primeira convocação com a presença de acionistas que represente o mínimo de um quarto do capital social com direito a voto e, em segunda convocação, com qualquer número (art. 125 da LSA). Outro exemplo de reconhecimento do controle minoritário é o artigo 135 da LSA, que igualmente prevê a legitimidade da deliberação sobre reforma estatutária feita em votação com qualquer número de acionistas em segunda convocação da assembleia. Pode-se entender que a vontade da minoria poderá prevalecer no caso de a maioria estar ausente.

Cabe destacar, nesse sentido, que o artigo 15, §2º, da Lei das Sociedades Anônimas incentiva o controle minoritário, ao prever que o número de ações preferenciais sem direito a voto, ou sujeitas à restrição no exercício desse direito, não pode ultrapassar 50% (cinquenta por cento) do total das ações emitidas.

Nestes dois exemplos, no entendimento de COMPARATO[34], o legislador brasileiro admitiu a possibilidade de um controle minoritário. Ademais disso, em nota ao exposto por COMPARATO, Calixto Salomão Filho[35] assevera que o sistema brasileiro pode ser caracterizado como um sistema em que há opção clara pelo controle minoritário, no que respeita ao capital total da companhia. Para ilustrar essa afirmação ainda utiliza o exemplo da regra que permitia a existência de até dois terços do capital total da empresa representados por ações preferenciais (sem voto), agora reduzido a 50% do capital total. Em dedução lógica das premissas *retro*, Calixto Salomão Filho afirma que, diante do reconhecimento do controle minoritário, não se poderia propugnar por um princípio majoritário absoluto dentro do capital com direito a voto. E ainda ressalta que *"seria ilógico afirmar que só acionistas detentores da maioria do capital votante da companhia podem ter seu controle"*.

O alerta que faz a mesma obra *retro* é que se deve ter cuidado ao falar em controle minoritário dentro do capital com direito a voto. Ele é diferente do controle minoritário referido ao capital total.

2.4.1.5. Controle Administrativo

Não se tem conhecimento da existência no Brasil de companhias controladas exclusivamente por seus administradores. É intensa a concentração acionária no país[36]. Esta é a realidade de países de economia mais

---

[34] *Ob. cit.*, p. 67.
[35] *Ob. cit.*, p. 68.
[36] "De acordo com dados constantes no White Paper on Corporate Governance in Latin America, emitido pela Organização para a Cooperação e o Desenvolvimento Econômico (OCDE) em 2003, mais da metade (51%) das ações das 459 sociedades abertas pesquisadas estão em mãos de um único acionista, sendo que 65% das ações são detidas pelos três maiores acionistas. Como indicado no estudo, esses números provavelmente subestimam a real concen-

desenvolvida que é trazida ao presente trabalho com o condão especial de mostrar que o distanciamento entre a propriedade e a gestão pode ser total.

Nesta espécie, o divórcio da propriedade e do controle alcança o seu ápice. A quase totalidade dos acionistas (algumas vezes a totalidade) não possui qualquer controle da empresa e aqueles que a controlam não possuem qualquer direito de propriedade, ou uma ínfima participação acionária. O controle nestes casos está fundado em prerrogativas diretoriais, na expressão de COMPARATO.

Devido à grande dispersão acionária, não raro os administradores perpetuam-se no controle, beneficiando-se do absenteísmo dos acionistas. Isto se dá geralmente por meio da outorga de procurações para representação dos acionistas em assembleia.

Em pesquisa realizada por BERLE e MEANS[37], verificou-se que as 200 maiores empresas não financeiras dos Estados Unidos da América mantinham esse tipo de controle. O exemplo clássico exposto pelos autores referidos, assim como por COMPARATO, é o da Pennsylvania Railroad Co. Em dezembro de 1928, os vinte maiores acionistas da companhia detinham juntos apenas 2,70% do seu capital social. O maior dos acionistas respondia por 0,34%. Na década de 1960, esse tipo de controle havia aumentado ainda mais entre as empresas norte-americanas.

É importante esclarecer que as análises e exemplos consubstanciados neste subitem, muito embora sejam feitas sobre grandes companhias de capital aberto, também são verificadas nas empresas de menor porte. Neste sentido, COMPARATO assinala que empresas com participações recíprocas de capital entre suas coligadas e controladas (em jurisdições em

---

tração acionária existente no Brasil. Primeiro porque as empresas da amostra tendem a ser menos concentradas que as empresas menores e segundo porque muitas vezes os três maiores acionistas pertencem ao mesmo grupo econômico. Assim sendo, é impossível imaginar em hipótese normal um controle administrativo em sentido próprio, i.e., em ausência de um controlador ativo. Existem companhias controladas por administradores que também são acionistas (mais próprio seria dizer o inverso, i.e., acionistas que também são administradores). Essa realidade é até mesmo comum. O que praticamente inexiste é controle administrativo com acionariato diluído" (Nota de texto 10, p. 75/76, Calixto Salomão Filho, *in* Poder de Controle na Sociedade Anônima).

[37] *Ob. cit.*, p. 98.

que este tipo de composição acionária é permitida – no Brasil não o é – artigo 244 da LSA) também podem esvaziar totalmente o poder decisório da assembleia geral, tornando os administradores das companhias autênticos controladores.

Uma quinta forma de controle administrativo ainda é detectada por SALOMÃO FILHO[38]. Trata-se da utilização de ações preferenciais de classe especial (*golden share*), prevista no artigo 18 da LSA. Estas ações têm sido utilizadas em solução criativa dos operadores do Direito Societário na recuperação de empresas em dificuldades financeiras e que tenha a imagem de seu controlador desgastada no mercado.

Para "preservar" o patrimônio do controlador e ao mesmo tempo tirar de suas mãos o poder de controle, visando angariar créditos em instituições financeiras, a sociedade deverá reformar o estatuto social para a criação das *golden shares* e a transferência destas para as mãos dos administradores. Deverá atribuir pelo estatuto social poderes de direção dos negócios sociais aos órgãos de administração (portadores das *golden shares*), inclusive para a eleição da maioria do conselho de administração. Desta forma, protege-se a administração, que tem a missão de recuperar a empresa, sem onerar excessivamente o controlador.

Nesta hipótese pode-se estar diante de um nítido caso de controle externo, que será explorado no item seguinte, pois, como visto, a emissão das *golden shares*, neste caso, está ligada à exigência de um ente estranho à sociedade que condiciona a concessão de crédito ao bloqueio do poder decisório do controlador.

Para encerrar este subitem, vale dar destaque à importante observação de COMPARATO[39] acerca do fenômeno do controle administrativo:

> *"Não há dúvida de que o fenômeno do controle gerencial constitui poderoso argumento em favor da teoria institucional da sociedade anônima. Se o poder de controle na empresa não mais se funda na titularidade acionária e transcende de certa forma a vontade – individual ou coletiva – dos acionistas, parece impossível reduzir o mecanismo social aos modelos do contrato ou da propriedade privada. Estamos diante de uma personalização da empresa, subtraindo-a a*

---

[38] *Ob. cit.*, p. 76-77.
[39] *Ob. cit.*, p. 73.

qualquer vínculo de natureza real com os detentores do capital societário, e aproximando-a, até à confusão, de uma espécie de fundação lucrativa. É a instituição-empresa, dissolvendo completamente a affectio societatis *original".*

2.4.2. Controle Externo

O controle externo é geralmente conceituado pela "influência dominante" exercida sobre os negócios da empresa por pessoa estranha a qualquer de seus órgãos sociais. É também referido como poder de dominação *ab extra*.

Toda sociedade tem o seu poder decisório, de controle, presumidamente alocado no órgão social que, dependendo da estrutura, pode ser a direção composta pelos sócios/administradores ou o conselho de administração. No entanto, situações de fato mostram que o *locus* de onde emerge o poder decisório pode estar alocado do lado de fora do organismo social.

Conforme apregoa SALOMÃO FILHO[40] em nota à clássica obra de COMPARATO, já referida, "*do ponto de vista jurídico-dogmático, de resto, o fenômeno do controle externo remete à discussão do controle como posição jurídica ou situação de fato*".

A despeito de cotidianamente ser exercido em diversas relações jurídicas, o controle externo não é reconhecido pelo Superior Tribunal de Justiça. Entende a Corte de Justiça não ser ele reconhecido pelo sistema jurídico nacional, que prevê apenas o controle acionário das sociedades.

COMPARATO, citado por MACEDO[41] em parecer dirigido ao Superior Tribunal de Justiça[42], argumentou:

"O poder de controle de uma empresa sobre outra – elemento essencial do grupo de subordinação – consiste no direito de decidir, em última instância, a atividade empresarial de outrem. Normalmente, ele se funda na participação societária de capital, permitindo que o controlador se manifeste na assembléia

---

[40] *Ob. cit.*, p. 90.
[41] *Ob. cit.*, p. 154.
[42] Recurso Especial nº 15.247 – RJ, julgado pela 3ª Turma do Superior Tribunal de justiça em 10 de dezembro de 1991, publicado pela Revista do Superior Tribunal de Justiça, ano 4, nº 30, p. 533-542.

geral ou reunião de sócios da empresa controlada. Mas pode também suceder que essa dominação empresarial se exerça ab extra, *sem participação de capital de uma empresa em outra e sem que o representante da empresa dominante tenha assento em algum órgão administrativo da empresa subordinada. É o fenômeno do chamado controle externo. (....)*

Ora, a formação de grupo econômico de subordinação com controle externo implica a atribuição, à empresa controladora, de um status jurídico especial, com deveres e responsabilidades próprios. A empresa controladora passa a responder, perante a controlada, por qualquer manifestação de abuso de controle. Aplica--se, à hipótese, pela via analógica, o conjunto de regras constantes dos arts. 116 e 117 da Lei das Sociedades por Ações".

Conforme assinalou MACEDO, mesmo diante da *"obviedade dos descritos fatos, interpretados com precisão por Comparato, quis o Egrégio Superior Tribunal de Justiça entendê-los de forma diversa. (...) Pouco se deteve aquela corte na análise de mérito do deslocamento extra-societário de controle ocorrido na hipótese fática que lhe foi submetida, restringindo-se a afirmar e repetir que nosso sistema jurídico não conhece a figura do controlador externo, mas tão-só aquela do controlador acionário. É o que se depreende, por exemplo, do voto proferido na ocasião pelo Ministro Dias Trindade, de cujo texto destacamos a seguinte afirmação: 'De ver, por conseguinte, que a recorrida não participa da constituição acionária da recorrente, o que serve a indicar que não poderia encontrar-se naquela posição de 'acionista controlador' definido no artigo 116 da Lei 6.404/76 (...)' ".*

Mais adiante, MACEDO continua demonstrando na mesma obra inconformismo com o referido acórdão do Superior Tribunal de Justiça:

"Por óbvio, não se pode imprimir a condição de acionista a quem não o é, o que, todavia, não importa dizer que não se possa reconhecer fora do quadro acionário de uma empresa a existência de situação de controle sobre ela, a não ser em desesperado apego à literalidade do artigo 116 e do artigo 243, parágrafo segundo, do diploma acionário, desesperado a ponto de retirar do intérprete a percepção de que os parâmetros de identificação propostos por esses dispositivos podem ser imprestáveis diante de certos fatos e conduzir, portanto, a conclusões não menos imprestáveis. Dessa forma, quis a egrégia corte, ao não reconhecer o deslocamento de controle havido na situação acima descrita, apegar-se à noção de que o controle empresarial está de forma indefectível relacionado à participação no capital social e, portanto, a uma equivocada conclusão de que a dicção do artigo

116 da lei acionária expressa um conceito descritivo de uma realidade ontológica necessária, e não um mero conceito operacional, como ele deve ser, a nosso juízo interpretado".

É certo, no entanto, que apesar da negativa de reconhecimento de situações fáticas que implicam verdadeiro controle externo, a doutrina é pacífica em reconhecê-lo. Teimam, porém, as cortes de justiça em negar tutela jurisdicional a estas situações, criando distorções à mercê da nítida intenção do sistema legal de tutelar situações de fato como a que foi objeto do julgado acima.

Adiante serão analisadas relações jurídicas que não só implicam controle externo, como também necessitam de reconhecimento da jurisprudência, pois correm o risco de cair no vácuo legislativo, e por consequência de tutela jurisdicional.

2.4.2.1. Controle externo derivado de dependência econômica

A análise casuística de situações de controle externo mostra que diversas são as hipóteses de fato que levam à sua caracterização.

A situação de endividamento da sociedade é um exemplo clássico. Muitas vezes elas levam o credor a dominar a devedora, determinando a sua política de condução do negócio.

O exemplo das sociedades prestadoras de serviço de *factoring*, na modalidade *trustee*, segundo a classificação de Arnaldo Rizzardo[43], ilustra o que representa o controle externo.

Este tipo de prestação de serviço tem por objeto a gestão financeira dos negócios. A *factoring* controla os recebíveis, as contas a pagar, a cobrança de títulos de crédito representativos de vendas mercantis ou de prestação de serviços, enfim, por meio deste tipo de contrato, toda a vida financeira da sociedade fica a cargo de pessoa estranha ao seu quadro societário. Note-se aqui a presença de influência dominante caracterizadora do controle externo.

Em regra, a empresa tomadora deste tipo de serviço é devedora e dependente dos recursos liberados pela *factoring*. Ela é pressionada

---

[43] RIZZARDO, Arnaldo, Factoring, 3ª edição, São Paulo: Editora dos Tribunais, 2004, p. 94.

(influência dominante) a estabelecer este tipo de relação, sob pena de sofrer execução forçada, entre outros tipos de pressão. Da análise fática deste tipo de relação jurídica, não há como negar a influência dominante, o controle externo.

A influência dominante de credores faz também com que sociedades devedoras moldem suas estruturas orgânicas para a satisfação de interesse de terceiros não sócios. É o que se dá no caso da emissão de *golden shares* destinadas à propriedade dos administradores indicados pelo credor, com o bloqueio do poder do controlador, como já visto (no subitem do controle interno administrativo). Esta é mais uma das maneiras de exercer o controle externo.

Tal como visto anteriormente, essa estrutura também pode ser caracterizada como controle interno administrativo. A diferença crucial, no entanto, estará no *locus* de decisão que determinou o tipo de estrutura orgânica. Se a decisão é tomada por órgão social que, livre de qualquer tipo de pressão de credores, opta por este tipo de estrutura, não se pode dizer que se está diante de um caso de controle externo. No entanto, se a decisão é fruto de exigências de credores, tem-se nítido o controle externo, pois a decisão pela emissão das *golden shares*, assim como a indicação de administradores, foi tomada por ente estranho aos órgãos sociais.

Os contratos de empréstimos a uma sociedade com caução das ações do bloco de controle são outro tipo de controle externo que, embora não previsto na legislação competente, são firmados com frequência na vida empresarial nacional.

O artigo 113 da Lei das Sociedades Anônimas prevê o penhor de ação ou a sua alienação fiduciária, numa clara demonstração de que a questão do controle externo é reconhecida pelo legislador, ainda que não regulada diretamente. Estatui o referido artigo de lei:

> *"Art. 113. O penhor da ação não impede o acionista de exercer o direito de voto; será lícito, todavia, estabelecer, no contrato, que o acionista não poderá, sem consentimento do credor pignoratício, votar em certas deliberações.*
>
> *Parágrafo único. O credor garantido por alienação fiduciária da ação não poderá exercer o direito de voto; o devedor somente poderá exercê-lo nos termos do contrato".*

A lei acionária deixa a critério das partes contratantes o objeto a ser regulado pelo contrato que poderá tratar da eleição de administradores e conselheiros, da alienação ou oneração de ativos, emissão de empréstimos ou até mesmo da mudança do objeto social. Não há qualquer tipo de restrição legal, de forma que no caso de empréstimos caucionados por ações poderá o credor exercer influência dominante sobre as atividades sociais da devedora, caracterizando desta forma verdadeiro controle externo, regulado, ainda que não diretamente, pela legislação.

COMPARATO[44] ressalta que mesmo sem esse tipo de caução, os maiores credores de sociedade com dificuldades financeiras podem determinar condições de "controle de *facto*", impondo condições de reorganização empresarial e o remanejamento da administração social como condições para a renovação de empréstimos ou a reforma de dívidas.

A hipótese de endividamento derivado da emissão de debêntures, espécie de crédito privilegiado, pode tornar a companhia subordinada à influência dominante desses credores. Sobre o tema destaca COMPARATO[45]:

> *Entre nós, esse controle externo dos debenturistas sobre a companhia emitente corresponde a uma situação mais de fato do que de direito. O direito brasileiro, tradicionalmente, não consagra nenhum direito de interferência dos portadores de debêntures sobre a vida societária. Apenas, na hipótese de lançamento de debêntures no mercado com a intermediação de uma instituição financeira, a Lei nº 4.728, de 1965, determinou que esta* underwriter, *enquanto obriga à sustentação dos títulos, terá o direito de indicar um representante como membro do conselho fiscal da companhia emissora, até final resgate de todas as obrigações emitidas (art. 26, § 4º).*
>
> *Tratando-se de obrigações conversíveis em ações, a Lei nº 6.404/76 dispôs que 'enquanto puder ser exercido o direito à conversão, dependerá de prévia aprovação dos debenturistas, em assembléia especial, ou de seu agente fiduciário, a alteração do estatuto para: a) mudar o objeto da companhia; b) criar ações preferenciais ou modificar as vantagens das existentes, em prejuízo das ações em que são conversíveis as debêntures' (art. 57 § 2º)".*

---

[44] *Ob. cit.*, p. 91.
[45] *Ob. cit.*, p. 92.

Adiante o mesmo COMPARATO[46], dando desfecho à questão, destaca:

> "*O direito comercial, na verdade, possui, desde as origens, um instituto próprio para configurar essa responsabilidade solidária do credor de um comerciante, pessoa física ou sociedade, que passa a dominar a empresa, seja para tentar cobrar de modo mais efetivo e rápido o seu crédito; seja para apurar um lucro adicional ao estipulado pagamento do crédito: é a figura do sócio oculto. Não se trata, aqui, da situação, à qual já nos referimos, do sócio acionista, oficial ou ostensivo, que exerce o controle totalitário ou largamente majoritário da sociedade: o chamado sócio 'soberano' ou 'tirano', como denominaram alguns autores italianos. Nestas últimas hipóteses há sempre um controle interno. A figura do sócio oculto, no direito brasileiro, é a de alguém que exerce, sem contrato ou vínculo social oficialmente reconhecido, uma autêntica atividade empresarial, em colaboração com um comerciante ostensivo, pessoa física ou jurídica. Tal colaboração empresarial, em se tratando, sobretudo, de um credor do comerciante ostensivo, costuma, freqüentemente, transformar-se em autêntica dominação, ou controle externo*".

2.4.2.2. Controle externo derivado de Contrato

Outra forma de controle externo que não implica situação de direito, mas em relação fática, é aquela que deriva da relação jurídica contratual que, em razão da sua natureza, transforma uma das partes (quando não as duas reciprocamente) em subordinada da outra.

Quando essa situação se verifica, tem-se o que é denominado controle externo derivado do contrato.

Esse tipo de controle é típico na relação jurídica contratual na qual uma empresa, nas palavras de MACEDO[47], possui o controle sobre o *input* do qual depende a outra parte da relação para a produção de seu único *output*. Sendo assim, a manutenção do fornecimento do *input* por uma parte da relação é condição crucial para a viabilidade da outra parte.

Nesse caso, a influência dominante que exerce a empresa fornecedora do *input*, sobre a sua contraparte na relação, há de ser considerada como deslocamento do centro decisório para fora dos órgãos sociais da em-

---

[46] *Ob. cit.*, p. 93.
[47] *Ob. cit.*, p. 149.

presa, pois esta dificilmente deixará de acolher as instruções recebidas daquela.

Nesse caso, desde que a empresa geradora do *input* exerça de fato sua influência dominante sobre a outra, ainda que não haja vínculo societário entre elas, não há como não reconhecer uma autêntica relação de controle.

Na relação jurídica entre duas empresas em que uma empresta *know-how* a um empreendimento social, ou no contrato de distribuição exclusiva, ou de *franchising*, verifica-se verdadeira situação de dependência que deixa uma parte à inteira mercê da outra. Essa dependência pode ser jurídica, administrativa e econômica, estabelecendo interferência quase integral na gestão do negócio.

MACEDO ressalta a respeito que:

> "*É de se ver, portanto, que empresas com semelhante conformação (i.e., que atuam como franqueadas, distribuidora exclusiva, concessionárias ou 'afiliadas') tendem a ser meras extensões operacionais de suas fornecedoras de inputs, funcionando, economicamente, como capilares de colocação em mercado dos outputs dessas últimas. Essas, aliás, tendem a enxergar em seus franqueados, distribuidores exclusivos, concessionários ou 'afiliados' alternativas menos onerosas de ampliação de suas atividades se comparadas a alternativas de abertura de filiais, constituição de subsidiárias ou quaisquer outras que requeiram a realização de investimentos em aquisição de ativos, contratação de pessoal, locação de espaço etc.*"

Ademais disso, conforme também observa MACEDO: "*(...) naturalmente partilhando com os operadores de seus capilares os ganhos decorrentes desse incremento, o que, não sem motivo, traz à memória a essência daquilo que está disposto no artigo 981 do Código Civil*"[48].

Neste ponto cabe ressaltar que o princípio que está insculpido na letra do artigo 981 da lei civil é importante para ressaltar a responsabilidade do controlador externo por atos praticados nesta condição.

---

[48] "Art. 981. Celebram contrato de sociedades as pessoas que reciprocamente se obrigam a contribuir, com bens ou serviços, para o exercício de atividade econômica e a partilha, entre si, dos resultados".

A preocupação da doutrina sobre a questão é grande, dado que importa reconhecer o controle externo para justamente não deixar no vácuo legislativo a atividade controladora (administrativa) geradora de reflexos patrimoniais em todos aqueles que estão direta ou indiretamente envolvidos na sua atividade.

Não reconhecer o controle externo implica deixar isento de responsabilidade o controlador (de fato) de uma determinada atividade que não esteja alocado na estrutura organizacional da empresa subordinada, mas que determina atos jurídicos potencialmente causadores de lesão ao patrimônio de terceiro (ou dos próprios acionistas ou quotistas), quando exercidos com abuso de poder.

Cabe ainda transcrever a lição de COMPARATO, citado por MACEDO[49]:

> *"Ora, a formação de grupo econômico de subordinação com controle externo implica a atribuição, à empresa controladora, de um status jurídico especial, com deveres e responsabilidades próprios. A empresa controladora passa a responder, perante a controlada, por qualquer manifestação de abuso de controle. Aplica-se, à hipótese, pela via analógica, o conjunto de regras constantes dos arts. 116 e 117 da Lei de Sociedades por Ações".*

---

[49] *Ob. cit.*, p. 155.

Capítulo 3
Formas de Organização do Controle

3.1. Aspectos Gerais
Conforme se verificou até este ponto do trabalho, o controle de uma sociedade pode ser exercido por diversas formas, sejam elas deliberadamente escolhidas pelos sócios ou decorrentes de situações fáticas que determinam o seu tipo.

No entanto, o intuito deste trabalho não é esgotar a questão do instituto do controle, mas sim sugerir algumas formas que podem ser adotadas preventivamente para resguardar ao máximo o patrimônio familiar constituído em forma de sociedade empresária que exerce atividade econômica e que está sujeita, além das imprevisíveis intempéries do mercado em que está inserida, à também totalmente previsível sucessão familiar, decorrente da sua evolução natural.

Buscar a forma ideal de estruturação societária do negócio da família, como já afirmado neste trabalho, é tarefa inglória, pois cada caso requer um tipo diferente de solução, de acordo com as características do negócio e dos sucessores. Adiante procuraremos elencar formas relevantes de organização do controle de empresas familiares que podem ser sugeridas.

3.2. *Holding*. A atividade empresarial da *holding*
A utilização de sociedade *holding* como forma de administração de patrimônio vem se consagrando como a mais recomendada para a estruturação de participações em outras sociedades, podendo ela ter ou não outra atividade empresarial. Por esta razão, a *holding* é muito utilizada para sepa-

rar o patrimônio familiar da administração cotidiana das empresas especialmente dedicadas a uma ou outra atividade empresária.

Cabe neste momento discorrer sobre a atividade empresarial e o seu conceito insculpido na legislação em vigor.

O artigo 966 do Código Civil[50] conceitua "empresário" como aquele que exerce profissionalmente uma atividade econômica organizada para a produção ou a circulação de bens ou de serviços.

Aquele que exerce atividade intelectual, de natureza científica, literária ou artística ainda que com a colaboração de auxiliares, não é considerado empresário, conforme apregoa o parágrafo único do mesmo artigo 966 da lei civil.

O Código Civil não define a empresa, sendo a sua conceituação extraída do conceito de empresário, além das deduções lógicas dos demais dispositivos legais.

O artigo 981, ao abrir o título II (Da sociedade) do livro II (Do direito de empresa) da Parte Especial do Código Civil, estabelece que:

> *"Art. 981. Celebram contrato de sociedade as pessoas que reciprocamente se obrigam a contribuir, com bens ou serviços, para o exercício da atividade econômica e a partilha, entre si, dos resultados".*

"Empresa" é atividade econômica organizada, com o fim de produzir bens ou serviços.

A sociedade *holding* que visa deter participação societária em outras sociedades, necessita organizar capital e trabalho para exercer profissionalmente a atividade. A mera participação em sociedades (que é o caso das *holdings* puras, que se será visto adiante) é, portanto, uma atividade empresária como outra qualquer, dado que preenchem os requisitos do artigo 981 do Código Civil.

No que toca à questão do lucro, diversos autores afirmam ser essa a essência da atividade empresária. COSTA[51] adverte, no entanto, que o lucro

---

[50] "Art. 966. Considera-se empresário quem exerce profissionalmente atividade econômica organizada para a produção ou a circulação de bens ou de serviços".
[51] COSTA, Wille Duarte, Comerciante: ampliação de conceito, Revista da Faculdade de Direito Milton Campos, v. 2, p. 265, 1995.

não é essencial ao exercício da atividade, mas sim a sua busca, a intenção de obter lucro.

Não resta dúvida, portanto, que a sociedade *holding* é empresária, que exerce atividade econômica na busca de resultados a serem partilhados entre os sócios.

CARVALHOSA[52] lembra que as sociedades *holding* são constituídas para exercer o poder de controle indireto em outras sociedades, mediante a adoção da estrutura piramidal, forma de controle interno já explorada neste trabalho (item 2.4.1.3 – *Controle interno exercido por meio de mecanismos legais*).

O artigo 2º, parágrafo 3º, da Lei das Sociedades Anônimas consagra este tipo de sociedade ao estatuir:

> "*Art. 2. (...) § 3º. A companhia pode ter por objeto participar de outras sociedades; ainda que não prevista no estatuto, a participação é facultada como meio de realizar o objeto social, ou para beneficiar-se de benefícios fiscais*".

O Código Civil, por sua vez, reconhece a *holding* no seu artigo 1.098, I, ao tratar das sociedades controladas, definidas por ele como "*a sociedade de cujo capital outra sociedade possua a maioria dos votos nas deliberações dos quotistas ou da assembléia geral e o poder de eleger a maioria dos administradores*".

O inciso II do referido artigo já trata das sociedades indiretamente controladas, ou seja, aquelas que possuem ações ou quotas detidas por uma sociedade já controlada por outra. É o caso típico do sistema piramidal em que existe a *holding-mãe* que controla outras *holdings*, as quais, por sua vez, controlam determinadas sociedades operacionais.

Este sistema, geralmente utilizado por grandes grupos empresariais, tem como função, nos dizeres de CARVALHOSA[53], acomodar participações diversas no nível intermediário do grupo, de forma que uma *holding* intermediária "A" detenha participações acionárias minoritárias, que não constam da *holding* intermediária "B". *O fundamental é que todas as holdings intermediárias estejam sob o controle da holding-mãe.*

---

[52] *Ob. cit.*, p. 425.
[53] *Ob. cit.*, p. 425.

3.2.1. Os tipos de sociedade *holding*

ALVES[54] assevera que as sociedades *holding* são sociedades operacionais, constituídas para exercício do poder de controle ou para a participação relevante em outras sociedades e, por isso, têm igualmente importante papel na administração do patrimônio envolvido na atividade empresarial, convergindo, assim, grande interesse dos acionistas e do próprio Estado, na medida em que se pode concentrar a administração de todo o patrimônio em uma única empresa.

A sociedade *holding* pode ou não exercer o poder de controle nas empresas das quais participa. A *holding* está sempre buscando o controle, mas nem sempre o exerce. O não exercício do poder de controle, no entanto, não retira a condição de *holding*.

A sociedade *holding* pode ser *pura* ou *mista* conforme detenha, além de participações societárias – que é o primeiro caso –, outra atividade operacional.

O já mencionado artigo 2º, § 3º, da Lei das Sociedades Anônimas, reconhece estes dois tipos de *holdings*.

José Waldecy Lucena, citado por ALVES[55], ressalta que:

> "a companhia pode ter por objeto participar de outras sociedades; ainda que não prevista no estatuto, a participação é facultada como meio de realizar o objeto social, ou para beneficiar-se de incentivos fiscais. Autorizou-se e disciplinou-se, destarte, às expressas, a constituição de holdings puras, como disciplinou-se, de forma amplíssima as sociedades coligadas, controladoras e controladas (arts. 243 e seguintes), os grupos de sociedades (art. 265 e seguintes) e o consórcio de sociedades (art. 278 e 279), os quais ocorrem quase que com exclusividade, entre anônimas e limitadas".

Engano frequente que se tem cometido é a criação de empresas com a denominação de *holding* com a finalidade exclusiva de administrar o patrimônio familiar. Este tipo de empresa, que tem como objeto social somente a administração de bens móveis ou imóveis e que não detém

---

[54] ALVES, Geraldo Gonçalves de Oliveira e, Sociedade holding no direito brasileiro, Belo Horizonte: Mandamentos, 2006.
[55] *Ob. cit.*, p. 32.

participação societária em outras empresas, não é considerado uma sociedade *holding*. Se, ao contrário, deter participação societária, juntamente com a administração de bens, será uma *holding* mista.

A *holding* mista, no entanto, deve ser evitada, na medida em que expõe as participações societárias da *holding* – seus ativos – ao risco inerente da atividade empresarial que desenvolver.

ALVES[56] assevera que há uma tendência para que a sociedade assuma a característica de *holding* pura de modo a afastar os riscos normais de qualquer atividade econômica, mesmo porque, ao se decidir por constituir uma *holding*, fica evidente que o interessado está à procura de uma proteção maior de seus interesses, quer quanto ao controle de outras empresas, quer quanto à proteção do patrimônio já constituído.

A *holding* pura, como visto, tem por objeto exclusivo a participação em outras sociedades. Dependendo do percentual de participação que detiver nas outras sociedades poderá a *holding* exercer o poder de controle. E este é o intuito dela, como já retro referido, nas palavras de CARVALHOSA.

O artigo 243, § 2º, da Lei 6.404/76, consagra o controle de uma sociedade por uma *holding*, ao estabelecer que é considerada controlada a sociedade na qual a controladora, diretamente ou por meio de outras controladas, é titular de direitos de sócios que lhe assegure, de modo permanente, preponderância nas deliberações sociais e o poder de eleger a maioria dos administradores (controle indireto). Note que essa definição assemelha-se em muito à definição de controle do artigo 116 da lei acionária.

No caso de a participação da *holding* na outra sociedade não ser suficiente para o exercício do controle e se detiver ela participação maior ou igual a 10% (dez por cento) do capital social da outra sociedade, será ela considerada sociedade coligada, a teor do que dispõe o artigo 243, § 1º, da lei acionária. Em se tratando de sociedades limitadas, no mesmo sentido dispõe o artigo 1.099, *in litteris*:

> *"Art. 1.099. Diz-se coligada ou filiada a sociedade de cujo capital outra sociedade participa com 10% (dez por cento) ou mais do capital da outra, sem controlá-la".*

---

[56] *Ob. cit.*, p. 35.

Cabe esclarecer que a sociedade *holding* pode, mesmo não sendo coligada, por não deter capital social da outra sociedade em participação igual ou superior a 10% (dez por cento), assim como qualquer outro sócio, exercer o controle da sociedade que detém participação, quer por ausência de sócios com participação maior do que a sua, quer por meio de outros mecanismos legais, tais como o acordo de acionistas ou a *proxy machinery*.

Muito utilizada em grupo empresarial familiar, a *holding* controladora pode ter como seus sócios todos os entes fundadores ou, já em segunda geração, os seus herdeiros que detenham participação societária nas demais empresas operacionais do grupo, portanto, tendo para si voltados os resultados daquelas sociedades controladas, sem, contudo, participarem efetivamente de suas administrações.

Quando se depara com uma estrutura que possui uma *holding-mãe*, controlando *holdings* intermediárias controladoras de sociedades operacionais, e pertencendo o capital social daquela primeira sociedade a um grupo familiar, está-se diante de um conglomerado empresarial que já se planejou para que o patrimônio da família seja – o quanto possível – protegido dos riscos inerentes das atividades operacionais exercidas pelas empresas das quais participam.

Sob a ótica da proteção do patrimônio familiar, as sociedades *holdings* são geralmente organizadas para: (i) evitar a pulverização de investimentos e do comando de uma sociedade após o falecimento de um sócio; (ii) permitir a concentração da capacidade de investimento do patrimônio familiar – o patrimônio familiar unido é mais forte do que separado; e (iii) facilitar o planejamento sucessório na administração dos negócios da família, garantindo a todos o recebimento de dividendos.

A sociedade *holding* de grupo familiar vai manter o poder de controle, garantindo maioria do capital votante nas demais sociedades. Será, portanto, a *holding* familiar, sempre estruturada para deter maioria do capital votante das demais empresas do grupo, sejam elas operacionais ou *holdings* intermediárias.

3.2.2. Tipos societários que podem constituir a *holding*

As *holdings* podem se revestir de todos os tipos de sociedades empresárias existentes no sistema legal brasileiro. Elas podem ser revestidas da forma da sociedade anônima (fechada ou aberta), da limitada, da comandita por ações, da comandita simples, da em nome coletivo, da economia mista ou até mesmo da empresa pública.

As mais utilizadas, no entanto, são as sociedades anônimas e as sociedades limitadas.

Com o advento do Código Civil de 2002 e o aumento da proteção ao quotista minoritário e do formalismo na sociedade limitada, tornou-se natural o aumento da utilização da forma da sociedade anônima fechada para a constituição de *holding*.

A sociedade anônima aberta, devido à alta complexidade administrativa, alto custo de transação, subscrição pública de ações, forte fiscalização de órgãos governamentais, é preterida pelas companhias de capital fechado, como tipo societário ideal para as sociedades *holdings*.

A sociedade anônima, eminentemente de capital, atribui maior importância à contribuição do sócio, e não às suas características pessoais. Isso traz mais segurança aos membros da família nos momentos de sucessão.

Adicione-se às considerações anteriores a facilidade na negociação de ações nas sociedades anônimas, em contraponto à necessidade de aprovação dos demais quotistas na limitada.

Os acionistas da *holding* constituída como sociedade anônima fechada irão regulamentar no estatuto social a transferência das ações, impondo limites e condições, direito de preferência antes da transferência a terceiros, dando perfil familiar à companhia.

No momento do falecimento de um acionista, a entrada dos sucessores no quadro de sócios será consequência natural, nas palavras de ALVES[57], não dependendo de aceitação dos demais sócios. Em sociedades familiares com intensa disputa entre distintos ramos, o sócio que já está em fase de retirada devido ao avanço da idade, ou por qualquer outro motivo, fica seguro, sabendo que a entrada de seus sucessores na sociedade não poderá enfrentar obstáculos.

Na sociedade limitada a entrada de novos sócios, ainda que a título de sucessão, pode ser impedida por disposição em contrato social. Ademais

---

[57] *Ob. cit.*, p.119.

disso, sua alteração requer a aprovação de 75% (setenta e cinco por cento) do capital social, a teor do disposto nos artigos 1.071 conjugado com o 1.076 do Código Civil.

Adiante se tratará, em item específico, das vantagens e desvantagens de se adotar a forma da limitada ou da anônima.

3.3. Acordo de acionistas e acordo de quotistas

Os acordos de acionistas ou de quotistas são instrumentos bastante utilizados para garantir o controle da sociedade familiar que busca a sua melhor organização para a garantia do bom andamento do negócio.

Não é raro que controladores de sociedades familiares consigam garantir a transferência organizada do controle entre gerações, utilizando-se destes acordos para assegurar nas mãos daquele (pessoa natural ou grupo de sócios) que maior vocação possui para a gestão do negócio.

Para que o controle seja assegurado (ou alcançado) por meio de acordo de acionistas é necessário (sempre) que haja entre os sócios consenso sobre como exercer os direitos de sócio. Como já frisado neste trabalho, nas palavras de SALOMÃO FILHO, *"o caráter co-natural de qualquer sociedade – de pessoas ou capitais – a cooperação"* é o elemento a ser alcançado pelos familiares. Uma vez presente, o acordo de acionistas pode ser o instrumento que resumirá a intenção dos envolvidos, obrigando todos em face de todos.

É tarefa árdua e muitas vezes inglória alcançar o senso comum entre pessoas que não necessariamente possuem afinidades e que foram alçadas à condição de sócios sem que lhes fossem dadas outra opção. Por esta razão, é normal herdeiros abrirem mão de exercer o direito de sócio, outorgando procuração a outro herdeiro, ou simplesmente aderindo a um proposto acordo de acionistas. No mais das vezes, esse tipo de sócio não pretende exercer qualquer influência sobre o negócio da sociedade, reservando-se apenas o direito de perceber os dividendos distribuídos.

O acordo de acionistas ou de quotistas é negócio jurídico firmado entre os sócios interessados, que tem por objeto regulamentar o exercício dos direitos que lhes são inerentes, quer para exercer o controle, quer para se organizarem como minoria.

SALOMÃO FILHO[58], em importante obra sobre o assunto, reconhece aquilo que é pacífico na doutrina, a parassocialidade dos acordos de acionistas. Assevera que *"na fonte* [os acordos de acionistas] *são negócios geneticamente distintos dos contratos de sociedade"*, criados com intuito associativo, que não podem ser caracterizados como contratos sinalagmáticos, uma vez que *"a cooperação em torno de objetivo comum é, via de regra, o seu objetivo e característica principal. Também não é contrato de sociedade perfeito, por lhe faltar o registro e a tipicidade societária. Daí decorre sua caracterização freqüente como sociedade de fato"*.

O acordo de acionistas paralelo à sociedade de capitais, impessoal, portanto, requer a presença da *affectio societatis* entre seus firmatários.

Mais adiante o autor[59] afirma que a disciplina do acordo de acionistas depende basicamente do nível de reconhecimento societário atribuído ao pacto parassocial. O reconhecimento e, em certos casos, a força vinculante que tem em relação à sociedade não modificam a relação social. Podem modificar, no entanto, a relação entre as partes.

CARVALHOSA, citado por BERTOLDI[60], conceitua o acordo de acionistas, sob a perspectiva do art. 118 da Lei 6.404/1976, como sendo *"um contrato submetido às normas comuns de validade de todo negócio jurídico privado, concluído entre acionistas de uma mesma companhia, tendo por objeto a regulação do exercício dos direitos referentes a suas ações, tanto no que se refere ao voto como à negociabilidade das mesmas"*.

No mesmo estudo acerca do instituto em apreço, BERTOLDI[61] cita José Edwaldo Tavares Borba, para quem o acordo de acionistas destina-se *"a regrar o comportamento dos contratantes em relação à sociedade de que participam, funcionando, basicamente, como instrumento de composição de grupos. Sendo um contrato, a ele se aplicam os preceitos gerais, concernentes a essa categoria jurídica"*.

E continua o autor, em sua citação a BORBA, que destaca:

> *"Limitou-o, porém, o legislador a três objetivos determinados: compra e venda de ações, preferência para adquiri-las e exercício do direito de voto. Não obstante*

---

[58] *Ob. cit.*, p. 95.
[59] *Ob. cit.*, p. 95.
[60] BERTOLDI, Marcelo M., Acordo de acionistas, São Paulo: Editora Revista dos Tribunais, 2006, p. 28.
[61] *Ob. cit.*, p. 29.

possam ser celebrados acordos de acionistas com outras finalidades, somente os que consagrarem os objetivos previstos na Lei das Sociedades Anônimas gozarão da proteção por ela instituída".

Fábio Ulhoa Coelho[62], por sua vez, destaca que o acordo de acionistas pode tratar de *"quaisquer assuntos relativos aos interesses comuns que os unem, havendo, a rigor, um único tema excluído do campo da contratação válida: a venda de voto".*

Para Arnoldo Wald[63], *"o acordo de acionistas, nos termos do que estabelece o sistema jurídico brasileiro, é contrato nominado, disciplinado pela Lei das Sociedades por Ações, aplicando-se-lhe, subsidiariamente, as normas reguladoras dos contratos de direito privado, além das regras do Código Comercial".*

Em desfecho do tópico em que faz a análise da natureza jurídica do acordo de acionistas, considerando as opiniões de diversos autores importantes que abordam o tema, em parte aqui reproduzidos, BERTOLDI[64] conclui que *"trata-se, portanto, o acordo de acionistas de contrato firmado entre sócios de uma mesma companhia, tendo como objeto o exercício de direitos decorrentes da qualidade de sócios de seus signatários, devendo ser obrigatoriamente observado pela companhia por terceiros se arquivado em sua sede e averbado no livro e certificado correspondente, desde que tratem do exercício do direito de voto ou disciplinem a negociação das ações pertencentes aos convenentes".*

Importante deixar claro que o fato de se aludir, na maior parte das vezes, ao acordo de acionistas sob a ótica da Lei das Sociedades Anônimas não implica dizer que há óbice legal para que sócios de sociedade limitada valham-se do instituto do acordo, no caso, de quotistas, para organizarem-se como minoritários ou mesmo manter o exercício do controle nas mãos da família, por exemplo.

O Código Civil de 2002, a teor do disposto no artigo 1.053, parágrafo único, estatui que a sociedade limitada pode adotar, no seu contrato social, a Lei Acionária como supletiva. Anota RETTO[65] que *"mesmo nas limi-*

---

[62] Citado por BERTOLDI, *ob. cit.*, p. 29.
[63] Citado por BERTOLDI, *ob. cit.*, p. 29.
[64] *Ob. cit.*, p. 31.
[65] *Ob. cit.*, p. 171.

tadas regradas supletivamente pelas normas das sociedades simples, podem os sócios utilizar o acordo, embora não possam valer-se das regras contidas no art. 118 da Lei nº 6.404/76. Perdeu-se, é bem verdade, com o Código, oportunidade de regrar instituto de grande valia utilizado diuturnamente nas sociedades limitadas".

Tal como o acordo de acionistas, o de quotistas é um contrato preliminar regido pelo art. 462 e seguintes do Código Civil, que, basicamente, obriga os sócios: (i) a contratar e (ii) a emitir declaração de vontade[66].

COMPARATO, citado por RETTO[67], classifica os acordos quanto ao objetivo, aos efeitos e ao conteúdo.

Quanto ao objetivo, os acordos podem ser de comando, bloqueio e defesa.

O primeiro visa ao exercício do controle, via regulamento de votos das partes signatárias do acordo. Pode o acordo visar ao exercício do controle da companhia ou apenas a organização da atuação da minoria.

Os integrantes deste contrato parassocial que desejam exercer o controle da companhia devem observar, na elaboração do acordo, o quanto prevê o artigo 116 da Lei Acionária (que define o acionista controlador), para garantir, de forma permanente, a maioria de votos nas deliberações da assembleia geral e eleger a maioria dos administradores da companhia. Neste sentido, o acordo de comando deve se preocupar em estipular a obrigação de todos os acionistas (acordantes) de votar em conjunto, obtendo a maioria prevista em lei para cada tipo de deliberação, *p.ex.* para a escolha de administradores, fiscais e auditores; para alterar o estatuto da companhia; aumentar seu capital social; decidir sobre a política de dividendos; enfim, para dirigir as atividades sociais e orientar o funcionamento dos órgãos da companhia.

Por meio de acordo de acionistas que tenha por objetivo o comando da companhia, exerce-se o poder de controle sem que os seus integrantes sejam isoladamente detentores da maioria das ações votantes. Cria-se o denominado bloco de controle.

A sociedade familiar que tenha suas ações pulverizadas em diversos ramos, sem que nenhum membro possua sozinho a maioria do capital

---

[66] RETTO, Marcel Gomes Bragança, *ob. cit.*, p. 172.
[67] *Ob. cit.*, p. 173.

necessária ao comando do negócio, deverá buscar, pelo acordo de acionistas, formar o referido bloco de controle. Somente desta forma acionistas minoritários que são poderão ter segurança sobre a condução do negócio.

O acordo de bloqueio refere-se à circulação das ações entre os acordantes, estabelecendo e regulamentando, via de regra, o direito de preferência, pelo qual o signatário que pretender alienar suas ações a terceiros deverá oferecê-las aos demais signatários, que, dentro do prazo estipulado, poderão exercer o direito de aquisição. Em não sendo exercido tal direito, ficará livre o sócio ofertante para alienar as quotas/ações a terceiros.

Retto[68] assevera, ainda sobre o acordo de bloqueio, que é comum, nesses tipos de acordo, *"cláusula regrando o prévio consentimento dos sócios signatários para que possa haver alienação das ações a terceiros. É a clause d'agrément do Direito francês"*.

Tem-se no acordo de bloqueio um importante instrumento para evitar a dispersão de ações. Este tipo de acordo, firmado entre membros de um bloco de controle, pode assegurar que ele não se desfaça com o passar do tempo. A previsão contratual que obriga membros do bloco de controle a oferecer suas ações aos próprios signatários faz com ele se perpetue.

No decorrer do tempo, por meio de um processo natural, aqueles membros do bloco mais ligados ao negócio acabam adquirindo as ações dos outros menos interessados. Este processo termina por concentrar gradualmente as ações – que foram pulverizadas com o passar das gerações – em mãos de quem maior vocação tenha para a gestão da sociedade.

O acordo de defesa, por sua vez, serve àqueles minoritários que queiram exercer determinadas prerrogativas que a lei confere a quem detenha percentual mínimo de participação do capital social. Os minoritários que isoladamente não possuam participação igual ou superior a 20% (vinte por cento) do capital social, por exemplo, podem por meio de acordo de defesa angariar tal participação para, em conjunto, eleger um membro

---

[68] *Ob. cit.*, p. 173.

do conselho fiscal (e seu suplente), nos termos do artigo 1.066, parágrafo segundo, por exemplo.

Quanto aos efeitos, os acordos podem ser plurilaterais, bilaterais e unilaterais. BERTOLDI refere-se a esta classificação como distribuição de carga de obrigações entre as partes. Conforme ele gere efeitos de um signatário frente a todos os outros, sempre mais do que dois, ele será plurilateral.

Neste tipo de acordo, o cumprimento do quanto avençado gera ganhos para todos os acordantes. A carga de obrigações previstas no acordo recai sobre todos os signatários. Ele não pode ser confundido com o contrato bilateral que tenha vários sujeitos ativos e passivos.

CARVALHOSA, citado por BERTOLDI[69], traz como exemplo de acordos plurilaterais aqueles que *"têm em vista, pela predeterminação do sentido do voto, estabelecer uma estável política de dividendos ou alocação de resultados; os acordos com o objetivo de assegurar a continuidade na administração da companhia, mediante a fixação de critérios de escolha e de eleição, personalizando ou não os indicados, ou ainda, fixando política de remuneração dos administradores"*.

A este tipo de acordo não se aplica a exceção do contrato não cumprido.

Na avença bilateral, ao contrário, a exceção do contrato não cumprido, artigo 476 do Código Civil, é invocável, justamente por se tratar de contrato sinalagmático, com obrigações recíprocas, concorrentes e opostas. Neste caso, as partes podem ser dois grupos de sócios que se obrigam um a eleger o candidato indicado pela outro. Outro exemplo é o do acordo em que a minoria se obriga a votar em candidatos indicados pelo bloco de controle para a composição do conselho de administração, em troca da garantia de criação de uma política de distribuição de dividendos que lhes seja favorável[70].

O acordo unilateral, como se infere do próprio nome, gera obrigações para uma só parte. São contratos tipicamente unilaterais o comodato e a doação. No caso do acordo de acionistas que tem por objetivo o bloqueio,

---

[69] *Ob. cit.*, p. 46.
[70] CARVALHOSA, Modesto, Acordo de Acionistas, São Paulo: Editora Saraiva, 1984, p. 54.

a obrigação recai apenas e tão somente sobre o sócio vinculado a ofertar as ações que pretende alienar para os demais sócios signatários.

Quanto ao conteúdo do acordo, COMPARATO, citado por RETTO[71], pondera que podem versar sobre o exercício do voto, a circulação das ações, ou outras matérias que entenderem por bem os sócios convencionar. Cabe lembrar que a vinculação da sociedade estará restrita àquelas matérias previstas taxativamente no artigo 118 da Lei das Sociedades Anônimas (compra e venda de ações, preferência para adquiri-las, exercício do direito de voto, ou o poder de controle).

O acordo de acionistas, por ter ampla flexibilidade, é um importante instrumento para a harmonização de interesses nas sociedades familiares, assim como no próprio planejamento de sucessão.

Terceiros estranhos à relação com a sociedade também podem fazer parte do acordo. Ainda que não sejam sócios, os sucessores ou outras sociedades (tais como *holdings* familiares) podem estar vinculados às disposições contratuais do acordo como intervenientes.

Cabe frisar, ademais, que, para dar efetividade ao acordo perante a própria sociedade e terceiros, é necessário o registro na sua sede e na Junta Comercial (este último no caso de acordo de quotistas).

Casos há, no entanto, em que dois ou mais acordantes divergem sobre questões substanciais reguladas pelo acordo de acionistas. Cria-se um impasse no próprio acordo que pode inviabilizar o exercício do controle da sociedade.

Para que o acordo prevaleça, apesar de possíveis impasses que podem surgir no decorrer da sua vigência, cláusulas contratuais são inseridas pelas quais se regula a metodologia para a resolução do conflito. São as chamadas "*deadlock provisions*".

O princípio que está inserido neste tipo de cláusula procura preservar o controle da sociedade e o seu andamento normal, apesar da controvérsia entre membros do acordo de acionistas ou quotistas.

Os tipos de cláusulas mais utilizados nos acordos de acionistas para a resolução desses impasses costumam prever a saída de um dos acordantes divergentes, tal como o exemplo da cláusula denominada "*Russian*

---

[71] *Ob. cit.*, p. 174.

roulette", entre outras. Esta cláusula prevê solução draconiana como a compra das ações de um dos discordantes pelo outro, em um processo em que um notifica o outro atribuindo às ações um valor em dinheiro. Aquele que recebe a notificação tem a opção de vender ou comprar por aquele preço estipulado pelo notificante.

Este tipo de cláusula, devido à sua rigidez, pode não encontrar espaço em uma sociedade familiar. Há, no entanto, opções já conhecidas, que estipulam a arbitragem para a solução dos impasses. As partes deverão se submeter à decisão do árbitro.

Estas cláusulas podem ser modeladas de acordo com o interesse das partes signatárias, não havendo qualquer exigência legal que imponha modelos pré-concebidos.

3.4. Estrutural

As sociedades familiares que pretendam se reorganizar para sair de uma situação de desordem, muitas vezes determinada pelo crescimento rápido do negócio, pela centralização indevida da administração na pessoa de seu fundador, ou mesmo pela morte inesperada desta figura, podem e muitas vezes devem, como já salientado retro, reestruturar a administração e o controle da sociedade, através da criação de órgãos societários, da alteração do seu tipo, pela transformação, enfim, de diversas maneiras que somente após uma análise detida das peculiaridades da sociedade poderão ser definidas.

A criação do conselho de administração e a profissionalização da diretoria podem ser medidas produtivas para o tipo de sociedade em que familiares, exercendo cargos diretivos, não compactuem da mesma visão sobre o negócio, embora guardem valores semelhantes.

As medidas referidas podem ser acompanhadas de uma reestruturação societária para a concentração das decisões em sociedade *holding* que controle outras sociedades operacionais ou ainda uma sociedade operacional controlada por várias *holdings* de diversos ramos da família, sem que nenhum deles seja majoritário.

Neste caso último caso, para que seja garantido o controle da sociedade operacional, as *holdings* firmariam entre elas acordo de acionistas ou quotistas para regrar as questões-chaves da gestão. O acordo ainda poderá prever opções de compra e de venda de ações entre os seus signatários, as chamadas *call and put options*, pelas quais um ramo da família pode exercer a compra (*call*) ou a venda (*put*) das ações de outro ramo, que é obrigado a comprar ou a vender.

Ainda a título de exemplificação sobre como pode ser estruturada uma sociedade que pretenda solidificar o patrimônio familiar, pode-se prever estatutariamente a rotatividade da administração, evitando que administradores indicados por um ou outro sócio permaneçam por muito tempo à testa do negócio.

Outras opções seriam a criação de conselhos de família e consultivo.

Em uma medida mais drástica, a sociedade pode constituir um conselho de administração composto apenas por profissionais de mercado. Seria criado, nesta modalidade, um conselho de família que regeria a forma de eleição dos membros do conselho administrativo, o prazo de seus mandatos, poderes, escopo de atuação, etc.

O conselho consultivo, por sua vez, coexistiria com o conselho de administração composto pelos familiares. Seria ele formado por profissionais de notório conhecimento em áreas de atuação pertinentes às necessidades da sociedade, a ser consultado pelo conselho de administração no momento de tomada de decisão sobre as diretrizes do negócio.

Novamente, deve-se frisar, todas estas formas de organizar o controle da sociedade familiar deverão considerar as suas peculiaridades, o momento que vivem, a vocação dos herdeiros, o mercado em que estão inseridos, os concorrentes e, principalmente, o desejo dos sócios que serão os responsáveis pelo seu destino. Certamente não são recomendáveis soluções fechadas, tipo pacote, para sociedades familiares que não são iguais umas às outras.

Outrossim, as estruturações que passem por operações de fusões e aquisições em momento de sucessão de controle e passagem de bastão não devem ser aconselhadas. Este tipo de reestruturação, que não é de ordem interna, de controle (apesar de ter reflexos neste sentido), mas sim de estratégia de mercado (economia de escala, economia de escopo, aumento de poder de mercado etc.), requer aprofundada análise, o que só terá lugar após acertado o relacionamento entre os sócios, o poder de controle, a gestão, enfim, com a sociedade – a relação entre os sócios em si e o seu comando – em grau desenvolvido de maturidade.

A questão estrutural passa pela alteração do tipo societário, pela transformação de uma sociedade de pessoas com responsabilidade limitada em uma sociedade de capital anônima, por exemplo. Passa pela decisão de profissionalizar a gestão da sociedade, de criar órgãos para tomada de decisão estratégica e órgãos para a execução administrativa e, até mesmo, órgãos para acomodação do interesses familiares, o referido conselho de família ou *family office*. São medidas que visam organizar o controle da sociedade.

Há casos em que sócios com diminuto interesse pelo comando da sociedadedevem se afastar do seu dia-a-dia. Isso pode inclusive ser desejável em certos casos.

Na tomada desse tipo de decisão, a questão que sempre surge é o tipo de sociedade que se deve adotar. Manter a já existente, ou alterá-la para dar maior agilidade e impessoalidade. Os custos desta transformação devem ser atentamente analisados.

Os tipos societários mais utilizados no Brasil, como se sabe, são as sociedades limitadas e as sociedades anônimas. Os outros tipos de sociedades previstas no Livro do Direito de Empresa, do Código Civil, são: (i) a sociedade em comum (artigos 986 a 990); (ii) a sociedade em conta de participação (artigos 991 a 996) – sendo estas duas sociedades não personificadas; (iii) a sociedade simples (artigo 997 a 1.038); (iv) a sociedade em nome coletivo (artigos 1.039 a 1.044); (v) a sociedade em comandita simples (artigos 1.045 a 1.051); (vi) a sociedade em comandita por ações (artigos 1.090 a 1.092); e (vii) a sociedade cooperativa (artigos 1.093 a 1.096).

Devido à questão da limitação da responsabilidade ao percentual de participação do sócio no capital social da sociedade, a sociedade limitada e a sociedade anônima são as mais utilizadas pelos empresários brasileiros ou estrangeiros que queiram fazer negócios em território nacional.

Para que se tome uma decisão acertada sobre o tipo de sociedade mais adequado às características do empreendimento familiar, devem ser analisados alguns pontos-chaves, que determinarão o tipo de relação entre os sócios e destes com a sociedade.

As sociedades limitadas, de acordo com o Código Civil, exigem quórum elevadíssimo para o exercício do poder de controle. Há quem diga que o Código Civil de 2002 engessou as sociedades limitadas.

Dependem da deliberação dos sócios, tomadas por votos correspondentes, no mínimo, a 75% (setenta e cinco por cento) do capital social (artigos 1.071 combinado com o 1.076, § 1º do Código Civil), matérias importantes e cotidianas, tais como: (i) as que impliquem na alteração do contrato social, que pode ser a mera mudança de endereço da sede da empresa, a substituição de administrador nomeado em contrato, o aumento ou diminuição de capital social, a mudança de objeto social, ou, ainda, (ii) a incorporação, a fusão e a dissolução do da sociedade, entre outras. E isso nem sempre é fácil de conseguir, ainda mais se estivermos diante de algum impasse ou conflito na família controladora.

Para as sociedades limitadas com número de sócios superior a dez exige-se ademais a realização de assembleias, convocações, manutenção de livros de atas, entre outras formalidades, que fazem com que o custo de transação seja por demais elevado.

Tendo esta mesma sociedade sócios que tenham outras atividades ou que residam em outras localidades, a sua administração ficará dificultada e entraves administrativos poderão surgir. Nesses casos, é válido pensar na transformação da sociedade, migrando-se da limitada para a anônima fechada.

Outras formas de estruturação e reestruturação, tais como a profissionalização, com a criação de conselho de administração, conselho de família e até o denominado *family office*, são bem-vindas e deverão melhorar a relação entre os sócios, a vida da sociedade, sua administração e, por via de consequência, o andamento da atividade em si.

Dentre outras possibilidades de estruturação – repetindo, que deverá ser muito bem considerada diante das características específicas das empresas da família – podemos exemplificar com a incorporação de empresas por uma *holding* controladora, ou diversas *holdings* de diferentes ramos da família, todas controladas por um *holding-mãe*, a fusão com outras, ou em movimento contrário, de desagrupamento de sociedades, a cisão.

3.4.1. Transformação
Regulada tanto pelo Código Civil (arts. 1.113 a 1.115) quanto pela Lei das Sociedades Anônimas (arts. 220 a 222), a transformação pode ser definida como alteração de tipo societário levada a efeito pela mera alteração de contrato ou estatutos sociais.

Apesar de alterar as características da sociedade, e a forma de relação dos sócios com ela, sua individualidade, ou personalidade jurídica, continua intacta, assim como não implica a alteração do quadro societário, seu ativo, passivo e patrimônio líquido. Cumpre promover, no entanto, a averbação do novo nome empresarial da sociedade.

A consequência maior da transformação dá-se no que se refere à responsabilidade dos sócios, pois ela é regida pelo tipo societário[72].

Atento, o legislador cuidou de condicionar a transformação ao consentimento unânime dos sócios, preservando a posição dos credores que não poderão ser prejudicados nem favorecidos. O artigo 222 da Lei Acionária é mais minucioso que o Código Civil ao dispor que *"a transformação não prejudicará, em caso algum, os direitos dos credores, que continuarão, até o pagamento integral de seus créditos, com as mesmas garantias que o tipo anterior de sociedade lhe garantia"*.

Anota RETTO[73] sobre o artigo 1.115 do Código Civil: *"os credores anteriores à transformação continuarão com as garantias conferidas pelo tipo societário anterior. Se na sociedade anterior não desfrutavam os sócios de limitação de responsabilidade, não poderão, obviamente, após a operação, gozar de tal prerrogativa perante os credores antigos"*. E continua o autor ressaltando que *"o parágrafo único desse artigo dispõe que a falência da sociedade transformada somente produzirá efeitos em relação aos sócios que, no tipo anterior, a eles estariam sujeitos, se o pedirem os titulares de créditos anteriores à transformação, e somente a estes beneficiará. Igual é a redação do parágrafo único do art. 222 da Lei nº 6.404/76"*.

Verifica-se, portanto, que a medida da transformação que eventualmente houver por bem tomar os controladores da sociedade não deverá causar grandes traumas, dado que o instituto é claramente tratado pela lei.

Chama atenção, no entanto, a necessidade de unanimidade de aprovação dos sócios, prevista no artigo 1.114 do Código Civil, salvo no caso de previsão no ato constitutivo da sociedade, caso em que estará resguardado o direito de recesso do sócio dissidente, na forma do artigo 1.031 do Código Civil (não tratando da matéria o contrato ou o estatuto social).

Como visto, a transformação opera-se mediante mera alteração do contrato social. Por essa razão, prevê o artigo 1.071, V, combinado com o artigo 1.076, I, ambos do Código Civil, delibera-se pelos votos de 3/4

---

[72] BORBA, *ob. cit.*, p. 461.
[73] *Ob. cit.*, p. 205 e 206.

(três quartos) do capital social. A transformação, numa brecha da legislação, pode ser operada, portanto, mediante maioria qualificada de votos, e não a unanimidade? Esta questão pode ser respondida com um vago "depende".

Operada na forma do artigo 1.071 do Código Civil, a sociedade limitada que optar pela transformação terá que enfrentar o direito de recesso do sócio dissidente e estará obrigada a pagar o valor das quotas sociais pela sua retirada. Até então muito bem, a sociedade deve estar preparada para tal.

Acontece que o direito de recesso é potestativo, prevendo o artigo 1.114 do Código Civil que o *"dissidente poderá retirar-se da sociedade"*. O sócio dissidente, em não concordando com a transformação, poderá exigir a unanimidade prevista expressamente no artigo 1.114 do Código Civil, que devido à sua posição não será alcançada. Verifica-se, portanto, que a transformação somente estará assegurada com o consentimento unânime dos sócios, ou contando com o direito de recesso do sócio dissidente.

3.4.2. Incorporação
O artigo 1.116 do Código Civil estatui que:

> *"Art. 1.116. Na incorporação, uma ou várias sociedades são absorvidas por outra, que lhes sucede em todos os direitos e obrigações, devendo todas aprová-las, na forma estabelecida para os respectivos tipos".*

O artigo 227, *caput* da Lei de Sociedades Anônimas, em redação similar, preceitua a incorporação como *"a operação pela qual uma ou mais sociedades são absorvidas por outra, que lhes sucede em todos os direitos e obrigações".*

A incorporadora, como visto pelo texto de lei retro transcrito, sucede a incorporada em todos os direitos e obrigações. A sucessão é universal.

A incorporação se processa mediante duas assembleias, ambas previstas no artigo 1.117 do Código Civil, parágrafos 1º e 2º. A primeira objetiva a aprovação do protocolo de intenções, que define as bases da operação, e nomear os peritos que avaliarão o patrimônio líquido das sociedades a serem incorporadas. A segunda aprovará o laudo dos peritos e a efetivação da incorporação. A assembleia da incorporada tem o condão de aprovar o protocolo e autorizar seus administradores a subscreverem o capital da incorporadora, mediante a versão do seu patrimônio líquido. Medidas podem ser tomadas para resumir as duas assembleias em uma só.

O aumento de capital que será gerado com a incorporação do patrimônio líquido da incorporada na incorporadora terá por consequência a emissão de ações para os sócios da incorporada que passam a ser sócios daquela.

Concluída esta operação a incorporada é extinta sem liquidação propriamente dita, posto que seu ativo, passivo e acionistas são integrados à incorporadora.

3.4.3. Fusão

A fusão é regulada no Código Civil pelos artigos 1.119 a 1.122 e pelo 228 da Lei de Sociedades Anônimas.

Tratada pela lei de 2002, a fusão determina a extinção das sociedades que se unem para formar sociedade nova, que a elas sucederá nos direitos e obrigações.

Tal como na incorporação, exige-se, nesse caso, a realização de uma assembleia em cada uma das sociedades para aprovação do protocolo de intenções e nomeação dos peritos para avaliação dos respectivos patrimônios.

Em segundo momento, é necessária uma assembleia conjunta de todas as sociedades envolvidas, para apreciação e aprovação dos laudos de avaliação. É vedado aos sócios votar a aprovação do patrimônio de sua respectiva sociedade.

Superada esta fase, deliberarão a constituição da nova sociedade, ficando os sócios de ambas as empresas incumbidos de fazer inscrever, no registro próprio da sede, os atos relativos à fusão.

3.4.4. Cisão

O Código Civil, apesar de denominar o Capítulo X, Título II, do Livro do Direito de Empresa, "Da transformação, da incorporação, da fusão e da cisão das sociedades", não conta com nenhuma norma específica sobre o tema. Deve-se, no caso, socorrer-se da previsão do artigo 229 da Lei de Sociedades Anônimas, que estatui que *"a cisão é a operação pela qual a companhia transfere parcelas do seu patrimônio para uma ou mais sociedades, constituídas para esse fim ou já existentes, extinguindo-se a companhia cindida, se houver versão de todo o seu patrimônio, ou dividindo-se o seu capital, se parcial a versão".*

CAMPINHO[74] atenta para a previsão do §1º do citado artigo no que toca à sucessão nos direitos e obrigações da cindida:

"*A sociedade que absorve parcela do patrimônio da sociedade cindida sucede a esta nos direitos e obrigações relacionadas no ato da cisão. Na hipótese de cisão total, em que ocorrerá a extinção da cindida, as sociedades que absorverem parcelas de seu patrimônio sucederão a esta, na proporção dos patrimônios líquidos transferidos, nos direitos e obrigações porventura não relacionados no respectivo ato*".

A cisão será deliberada em assembleia ou reunião de sócios. A extinção da cindida caberá aos administradores das sociedades que tiverem absorvido suas parcelas patrimoniais mediante o arquivamento dos respectivos atos. Sendo parcial a cisão, o encargo tocará aos administradores da sociedade que se dividiu e da que recebeu parcela de seu patrimônio.

3.5. Sociedade Limitada *versus* Sociedade Anônima

Cabe neste ponto do trabalho, tendo em vista as considerações feitas até o momento, fazer uma comparação sobre as características legais relevantes dos dois tipos de sociedade mais utilizados entre o empresariado nacional.

Seguirão, em síntese, colocações sobre as características de ambos os tipos societários, cuidando desde sua formação, contrato social, estatuto social, razão social, capital social, atividade empresária, administração, conselhos e demais pertinentes.

A sociedade anônima é regulamentada em território nacional pela Lei nº 6.404/76, atualizada pelas de nº 9.457/1997 e 10.303/2001, e sempre foi vista no Brasil como o tipo societário mais complexo e destinado apenas aos grandes investimentos, alta regulamentação, necessidade de publicação de demonstrações financeiras, alto custo de transação, enfim, como aquele que põe uma gama de obstáculos que a média do empresariado nacional via como intransponível.

---

[74] CAMPINHO, Sérgio, O direito de empresa à luz do novo código civil, 6ª edição, Rio de Janeiro: Renovar, 2005, p. 285.

A sociedade limitada, como já frisado, é de longe a mais utilizada entre os empresários brasileiros. É também a que mais atenção tem despertado dos operadores do direito, tendo em vista a recente vigência do Código Civil de 2002.

Ninguém discorda que a sociedade limitada tornou-se, com o advento da nova lei civil, uma espécie societária de maior regulamentação e formalidade, perdendo o caráter pessoal, em que os sócios contratualmente, dentro do âmbito da autonomia da vontade, dispunham da estrutura da sociedade como bem entendessem. Cabe nesse sentido, que o dispositivo legal que regulava as sociedades por quotas de responsabilidade limitada antes da entrada em vigor do novo Código Civil, Decreto nº 3.708/1919, possuía apenas dezoito artigos. Há quem sustente que essa quase ausência de regulamentação e formalidade foi o que fez com que essa espécie societária fosse a mais utilizada entre os empresários brasileiros durante toda a história recente da economia nacional[75].

O novo Código Civil, ao regulamentar extremamente a sociedade limitada, fez com que ela se tornasse mais parecida com a sociedade anônima[76].

E, de fato, a percepção dos operadores do direito é que a sociedade limitada tem perdido a preferência entre os empresários nacionais (de médio e grande porte), que têm optado pela constituição de sociedades anônimas, principalmente, pela questão da complexidade e dos altos quóruns de deliberação exigidos para a limitada.

No entanto, como ressalta o professor Calixto Salomão Filho[77], a forma societária que será escolhida pelos empreendedores deve respeitar a função do empreendimento e a característica que ele terá, ou já tem, no caso das empresas familiares que pensam na reestruturação.

O empresário que controla uma sociedade familiar e pretende explorar outras formas de organização do controle pensando em mera rees-

---

[75] DA ROCHA, João Luiz Coelho, in "As Sociedades por Quotas como Sociedade de Capitais", Revista de Direito Mercantil, v. 122, p. 49-53.
[76] FRANCO, Vera Helena de Mello, in "O triste fim das sociedades limitadas no Novo Código Civil", Revista de Direito Mercantil, v. 123, p. 81-85.
[77] SALOMÃO FILHO, Calixto, in "O Novo Direito Societário", São Paulo, Editora Malheiros, 2ª edição reformulada, p. 64.

truturação ou mesmo na transmissão do controle para seus herdeiros procura, antes de tudo, um ambiente seguro para que possa ter o máximo de previsibilidade acerca do caminho que percorrerá. E, dentre as diversas dúvidas que possui neste momento, encontra-se a referente ao tipo societário atual da sociedade e as opções que possui. Surge logo a questão que o leva a decidir entre a limitada e a anônima.

O controlador, o fundador do negócio familiar, deverá considerar as características de seus herdeiros e também, se for o caso, dos sucessores de outros ramos da família. Identificará se há diferença de posições acionárias, se o herdeiro com maior vocação para a gestão da empresa terá posição de controlador, ou será minoritário. Se este for minoritário, deverá observar se há ambiente para ele ser nomeado administrador. Se não, poderá influir na decisão da nomeação de um administrador externo. Como fiscalizar e intervir no negócio, para garantir que o controlador não beneficie seus próprios interesses em prejuízo dos demais familiares, da sociedade, dos trabalhadores e eventuais outros investidores minoritários? Este tipo de questionamento e tensão é naturalmente presente e é a fonte dos conflitos que tem potencial para destruir posições na sociedade e, muitas vezes, a própria sociedade, como já visto neste trabalho.

Em sociedades que possuem economia mais desenvolvida do que a brasileira, o mercado se encarrega de desenvolver métodos de controle externo que pressionam os controladores a administrarem o negócio em busca do resultado ótimo da empresa, em busca do lucro a ser direcionado aos seus investidores. Logicamente, estamos aqui nos reportando à empresa de grande porte.

A realidade do mercado brasileiro, no entanto, não possui instrumentos capazes de exercer tal fiscalização. O que acontece em nossas empresas é uma concentração muito grande de poder de controle nas mãos de poucos.

Mesmo naquelas empresas que possuem estrutura orgânica com conselho fiscal, de administração e diretoria, o controlador (que possui a quantidade de capital – ações ou quotas – necessárias à formação da maioria na assembleia geral) exerce muita pressão sobre a diretoria, pois os seus membros são nomeados e destituídos por ele.

Percebe-se que, ainda com essa estrutura orgânica, dentro de uma SA o controlador consegue exercer plenamente o controle, dando à companhia a orientação que bem entende, podendo dirigir, ou não, o empreendimento em benefício de seus próprios interesses. O que se deve ressaltar é que este controlador possui atualmente os instrumentos para, se quiser, dirigir a companhia de maneira a beneficiar-se dela em prejuízo dos demais sócios familiares, dos interesses dos investidores, dos trabalhadores, dos credores, enfim, da própria companhia.

A decisão acerca do tipo societário que terá o empreendimento dependerá então do perfil a que pretendem atribuir à sociedade. Caso pretendam ter uma sociedade que faça captação de recursos de pequenos investidores, com lançamento de ações em mercado, que se relacione bem com a fiscalização, que possua administração independente que atenda às exigências contábeis criteriosas, deverão optar pelas sociedades anônimas abertas, procurando implementar as denominadas boas práticas de governança corporativa – que serão tratadas em capítulo específico adiante –, buscar o Novo Mercado, em suma, ser uma companhia moderna voltada para a distribuição de lucro aos seus acionistas presentes e futuros, a desenvolver-se em prol de seus trabalhadores e credores, enfim, ter uma vocação externa. Este tipo de companhia, no nosso entender coloca a sociedade em condições de se perpetuar, beneficiando todos os entes familiares acionistas que poderão ou não ter lugar nos órgãos da sociedade.

Pretendendo os empreendedores emprestar ao empreendimento um caráter mais fechado, pretendendo não publicar demonstrações financeiras, manter o controle do negócio sobre as suas próprias orientações, sem administração independente, com menor custo de transação, menor influência de fiscalização externa – como a CVM no caso das companhias abertas –, deverão estes investidores optar pela sociedade limitada.

Resumindo, a forma da sociedade deverá observar qual exatamente a função que ela terá nos subsistemas da economia em que atuará. Verificado o seu objetivo no longo prazo, os familiares deverão optar pelo tipo societário mais adequado. Deverão sopesar as características próprias do tipo societário escolhido, que será objeto de sub-itens deste capítulo.

3.5.1. As esferas de administração, deliberação e fiscalização

O empresário responsável pela decisão sobre o tipo de sociedade que adotará no caso de constituição de um novo empreendimento, ou ainda, no caso de reorganização de controle de uma empresa familiar, por exemplo, deverá observar quais implicações terá a sua decisão nas três distintas esferas (administrativa, deliberativa e fiscalizadora) das sociedades anônima e limitada.

3.5.1.1. Esfera de Administração

A administração de uma sociedade possui duas funções distintas: (i) gerência e (ii) presentação. A primeira é a função do administrador, *interna corporis*. A segunda é de manifestação externa de vontade social, que obriga a sociedade e cria relações de direito.

Tais funções são limitadas pelos princípios insculpidos na legislação vigente, que a doutrina houve por bem denominar *duty of care* e *business judgment rule*. Tais princípios encontram-se positivados na Lei das Sociedades Anônimas nos artigos 153 e 158, respectivamente, e no Código Civil, nos artigos 1.011, 1.013, parágrafo 2º e 1.016, aplicáveis às sociedades limitadas.

Os termos dos artigos das leis referidas são:

> "Art. 153. O administrador da companhia deve empregar, no exercício de suas funções, o cuidado e diligência que todo homem ativo e probo costuma empregar na administração dos seus próprios negócios."

> "Art. 158. O administrador não é pessoalmente responsável pelas obrigações que contrair em nome da sociedade e em virtude de ato regular de gestão; responde, porém, civilmente, pelos prejuízos que causar quando proceder:
> I – dentro de suas atribuições ou poderes, com culpa ou dolo;
> II – com violação da lei ou do estatuto.
> § 1º O administrador não é responsável por atos ilícito de outros administradores, salvo se com eles for conivente, se negligenciar em descobri-los ou se, deles tendo conhecimento, deixar de agir para impedir a sua prática. Exime-se de responsabilidade o administrador dissidente que faça consignar sua divergência em ata de reunião do órgão de administração ou, não sendo possível, dela dê ciência imediata e por escrito ao órgão da administração, ao conselho fiscal, se em funcionamento, ou à assembléia geral.
> § 2º Os administradores são solidariamente responsáveis pelos prejuízos causados em virtude do não cumprimento dos deveres impos-

tos por lei para assegurar o funcionamento normal da companhia, ainda que, pelo estatuto, tais deveres não caibam a todos eles.

§ 3º Nas companhias abertas, a responsabilidade de que trata o § 2º ficará restrita, ressalvado o disposto no § 4º, aos administradores que, por disposição do estatuto, tenham atribuição específica de dar cumprimento àqueles deveres.

§ 4º O administrador que, tendo conhecimento do não cumprimento desses deveres por seu predecessor, ou pelo administrador competente nos termos do § 3º, deixar de comunicar o fato à assembléia geral, tornar-se-á por ele solidariamente responsável.

§ 5º Responderá solidariamente com o administrador quem, com o fim de obter vantagem para si ou para outrem, concorrer para a prática de ato com violação de lei ou do estatuto".

"Art. 1.011. O administrador da sociedade deverá ter, no exercício de suas funções, o cuidado e a diligência que todo homem ativo e probo costuma empregar na administração de seus próprios negócios.

§ 1º Não podem ser administradores, além das pessoas impedidas por lei especial, os condenados a pena que vede, ainda que temporariamente, o acesso a cargos públicos; ou por crime falimentar, de prevaricação, peita ou suborno, concussão, peculato; ou contra a economia popular, contra o sistema financeiro nacional, contra as normas de defesa da concorrência, contra as relações de consumo, a fé pública ou a propriedade, enquanto perdurarem os efeitos da condenação.

§ 2º Aplicam-se à atividade dos administradores, no que couber, as disposições concernentes ao mandato".

"Art. 1.013. A administração da sociedade, nada dispondo o contrato social, compete separadamente a cada um dos sócios.

(...)

§ 2º Responde por perdas e danos perante a sociedade o administrador que realizar operações, sabendo ou devendo saber que estava agindo em desacordo com a maioria".

"Art. 1.016. Os administradores respondem solidariamente perante a sociedade e os terceiros prejudicados, por culpa no desempenho de suas funções".

Percebe-se que, na esfera administrativa, a relação entre administradores e a sociedade, o que se convencionou chamar de tensão entre o principal e o agente, será a mesma quer optem pela sociedade anônima ou pela limitada.

Tanto a Lei das Sociedades por Ações como o Código Civil exigem do administrador o dever de lealdade, de probidade na gestão da empresa, imputando-lhe responsabilidade pelos atos praticados no exercício de suas funções.

3.5.1.2. Esfera de Deliberação

A esfera da deliberação é, desde a entrada em vigor do novo Código Civil, a que maior atenção vem despertando do empresário no momento de optar pela sociedade anônima ou pela limitada.

Tanto a lei civil quanto a lei acionária atribuem aos seus órgãos máximos, reunião de sócios (ou assembleia) e a assembleia geral de acionistas, o poder de decidir, de manifestar a vontade da sociedade.

O artigo 1.071 do Código Civil elenca quais as matérias que dependem de deliberação dos sócios, para em seguida, no artigo 1.076, firmar os quóruns necessários. O que merece maior atenção dentre todas as modificações trazidas pelo Código Civil de 2002 é o alto quórum exigido para (i) modificação do contrato social e (ii) a incorporação, a fusão e a dissolução da sociedade ou a cessação do estado de liquidação. Tais deliberações devem contar com a aprovação de 3/4 (três quartos) do capital social. As demais matérias mantiveram a exigências de quóruns de maioria do capital social ou dos presentes.

Outra previsão legal referente às deliberações nas sociedades limitadas que chama a atenção é a feita pelo artigo 1.061 do Código Civil, que exige para a nomeação de administrador não sócio (no caso de o contrato social assim permitir) a aprovação de 2/3 (dois terços) do capital social. Enquanto o capital não estiver totalmente integralizado, exige-se para a nomeação é a unanimidade "dos sócios".

A Lei das Sociedades Anônimas, por sua vez, adotou o princípio majoritário universalmente consagrado. No seu artigo 129 prevê que *"as deliberações da assembléia geral, ressalvadas as exceções previstas em lei, serão tomadas por maioria absoluta de votos, não se computando os votos em branco".* Em seu parágrafo primeiro, o mesmo artigo estatui que as companhias fechadas podem aumentar o quórum exigido para certas deliberações, desde que especifiquem as matérias. Este parágrafo primeiro abre para os acionistas a possibilidade de estabelecer quóruns distintos, contratualmente. Mas note que apenas para as companhias fechadas.

Para ilustração dos inúmeros quóruns de deliberação que traz o Código Civil, regulamentando as limitadas, veja tabela abaixo:

Quorum (percentual capital social)	Deliberação	Previsão legal (Código Civil)
20%	– Eleição em separado de membro do conselho fiscal; e – convocação de reunião de sócios.	1.066, § 2º 1.073, I
25%	– Possibilidade de oposição à cessão de quotas, em caso de omissão do contrato social.	1.057
> 50%	– aprovação de contas; – designação de administradores quando feita em ato separado; – destituição de administradores; – fixação de remuneração dos administradores; – nomeação e destituição de liquidante; – pedido de concordata; e – exclusão de sócios.	1.076, II
66,66	Algumas regras referentes à eleição e destituição de administradores.	1.061
75	– modificação de contrato social; – incorporação; – fusão; – dissolução; e – cessação de liquidação.	1076, I c/c 1.071, V e VI

Como se pode verificar, são inúmeros os quóruns previstos pela lei civil, o que causa verdadeira insegurança ao administrador.

Somente se exerce o pleno controle da sociedade limitada com 75% (setenta e cinco por cento) do capital social, o que leva à necessidade de concentração de capital na mão de um só sócio, ou de um grupo ligado por acordo de quotistas, restringindo até a participação de outros investidores. É certo que através do referido acordo de quotistas, pode-se chegar ao percentual necessário para o exercício do controle sem a necessidade de se deter percentual tão alto do capital social.

Ainda acerca da complexidade e falta de clareza de quoruns aplicáveis às diversas deliberações necessárias à rotina de qualquer sociedade, tomemos por exemplo o quadro desenvolvido pelo Professor Ricardo Macedo[78], referindo-se apenas à questão da eleição e destituição de administrador sócio ou não sócio.

	Administrador Sócio		Administrador Não Sócio	
	Eleição	Destituição	Eleição	Destituição
Indicado no Contrato Social	75% art. 1076, I, do C.C.	66,6% art. 1063, § 1º, do C.C.	100% (c.n.i) 66,6% (c.i.) art. 1.061 do C.C.	75% art. 1.076, I do C.C.
Indicado em ato separado	>50% art. 1071, II	>50% art. 1.071, III	100% (c.n.i.) 66,6% (c.i.) art. 1.061 do C.C.	>50% art. 1.071, III do C.C.

(cni): capital social não integralizado; (ci): capital social integralizado.

Esta multiplicidade de quoruns tornou a regulamentação da sociedade limitada complexa e incerta.

Adicionados ainda às outras questões que serão colocadas a seguir, as alterações do Código Civil fizeram com que este tipo societário passasse de extremamente flexível, na vigência do Decreto 3.708/19, a altamente regulamentado, causando nos empresários e investidores sensação de insegurança quanto às deliberações que precisam ser tomadas.

---

[78] Tabela de quóruns para eleição e destituição de administrador nas sociedades limitadas, desenvolvida pelo Professor Ricardo Macedo, utilizada na disciplina Sociedade por Quotas de Responsabilidade Limitada, LLM Direito Societário, Turma IV, IBMEC, e adaptada para este trabalho.

3.5.1.3. Esfera de Fiscalização

O conselho fiscal, na sociedade limitada, não é de instituição obrigatória. A lei deixa a critério dos sócios. Já na sociedade anônima, o conselho fiscal é imposto por lei e poderá ser de funcionamento permanente ou não.

A Lei das Sociedades Anônimas prevê a instalação compulsória do conselho fiscal, no caso de requerimento por acionistas representantes de 5% das ações sem direito a voto ou 10% das ações com direito a voto. Já a lei civil, como visto, faculta aos sócios a instalação do conselho fiscal.

A seguir trataremos de verificar especificamente as regras de constituição, administração, deliberação e fiscalização dos dois tipos societários tratados neste capítulo.

3.5.2. A sociedade limitada

Como já frisado neste trabalho, a sociedade limitada é regida pelas disposições contidas nos artigos 1.052 a 1.087 do Código Civil brasileiro. Nos casos de omissão destes artigos, a sociedade será regida supletivamente pelas disposições atinentes às sociedades simples (artigos 997 a 1.038 do Código Civil brasileiro), ou, em caso de haver expressa previsão no seu contrato social, pela Lei das Sociedades Anônimas, Lei nº 6.404 de 15 de dezembro de 1976.

A sociedade limitada é formada a partir de conjunção de esforços de pelo menos duas pessoas (naturais ou jurídicas). O contrato social é o instrumento de regência deste tipo de sociedade que deverá ser firmado pelos sócios e registrado no Registro Público de Empresas Mercantis do Estado em que tiver sua sede.

Como já visto nas linhas precedentes, o controle absoluto da sociedade limitada somente é alcançado com a propriedade de 75% (setenta e cinco por cento) das quotas. A deliberação sobre matérias importantes, como a alteração do contrato social, a decisão pela incorporação, fusão, cessação de liquidação da sociedade – conforme artigo 1.071 combinado com o inciso I do artigo 1.076 do Código Civil – demanda votos correspondentes a 3/4 (três quartos) do capital social.

O contrato social poderá regular os quóruns necessários para deliberação de matérias, mas não deverá diminuir aqueles previstos em lei. Poderá, no entanto, aumentá-los.

Por não haver necessidade da publicação de demonstrativos contábeis e financeiros, este tipo de sociedade é mais indicado para os que não são afeitos às transparências. Ou para quem prefere ou precisa manter a confidencialidade sobre as finanças de seu negócio.

A transferência de quotas ou a subscrição de novas também poderá ser regulada pelo contrato social. Em caso de omissão do contrato social, a transferência poderá dar-se livremente entre os sócios, podendo ser inclusive transferida para terceiros, caso não haja objeção de titulares de mais do que 25% (vinte e cinco por cento) do capital social.

Nas sociedades familiares é comumente prevista no contrato social a vedação da transferência de quotas para entes que não sejam familiares. Muitas vezes a transferência é ainda restrita aos parentes em linha reta ou também na linha colateral ou transversal, dependendo da relação havida entre o fundador da empresa, os cofundadores, seus pais e irmãos. Há ainda quem disponha sobre a possibilidade ou não de transferência de quotas para genros e noras.

O sócio que não concordar com a alteração do contrato social, com a fusão ou incorporação aprovada, poderá exercer seu direito de recesso dentro dos 30 dias subsequentes à deliberação.

A retirada do sócio dissidente se dará mediante pagamento pela sociedade do valor de suas quotas levantado em balanço especial para este fim. O pagamento será feito dentro de 90 (noventa) dias a partir da liquidação. O contrato social, no entanto, poderá estipular forma distinta, conforme previsão expressa dos artigos 1.077 combinado com o 1.031 do Código Civil.

Estas previsões asseguram àquele membro da família não contente com a sua posição na empresa o direito de recesso, de retirar-se da empresa garantindo o recebimento de parcela do capital social sobre o qual tem direito.

A reunião de sócios deverá ser convocada ao menos uma vez por ano, dentro dos quatro primeiros meses seguintes ao término do exercício fiscal (ou ano fiscal) e deverá analisar e aprovar as contas da administração, os relatórios financeiros e contábeis, eleger diretoria, se o caso, e tratar de todas as matérias que estiverem na pauta. Sempre que for de interesse da sociedade, outras reuniões poderão ser convocadas. A reunião é a modalidade de deliberação mais flexível, que admite regulação no próprio contrato social, ao contrário das assembleias.

Nas sociedades limitadas com mais de dez sócios, as deliberações deverão ser tomadas em assembleia, o que requer maiores formalidades, todas previstas em lei, tal como a convocação mediante anúncio de jornal de grande circulação. A convocação, no entanto, poderá ser dispensada se todos os sócios declararem por escrito que estão cientes do local, data, hora e ordem do dia.

Tanto as reuniões quanto as assembleias também poderão ser dispensadas no caso de a totalidade dos sócios decidirem por escrito acerca das matérias que são listadas na ordem do dia.

A sociedade limitada pode ser administrada por sócio ou profissional não sócio indicado por maioria do capital social. É necessária a autorização no contrato social para que sociedade seja administrada por não sócio.

A nomeação do administrador pode ser feita no próprio contrato social ou em instrumento separado.

A nomeação de administrador sócio no contrato social ou em ato separado dar-se-á mediante a aprovação da maioria absoluta do capital social.

A nomeação de administrador não sócio depende da unanimidade dos sócios, caso o capital não esteja totalmente integralizado, ou da aprovação de 2/3 (dois terços) do capital social, caso haja integralização total.

A destituição de administrador sócio dar-se-á somente no caso de justa causa e mediante a aprovação de, no mínimo, 2/3 do capital social, salvo disposição contratual em contrário, conforme prevê o artigo 1.063, § 1º, do Código Civil.

Aqui não se aplica a regra, já mencionada anteriormente, de que os quoruns de deliberação social só podem ser aumentados, e não diminuídos, pelo contrato social. Conforme ressalta Retto[79], citando Carvalhosa, o quorum pode ser aumentado ou diminuído pelo contrato social em se tratando de deliberação para destituição de sócio administrador.

O administrador não sócio nomeado no contrato social ou em ato separado será destituído sem a necessidade de justa causa, ou *ad nutum*, pela maioria absoluta do capital social (art. 1076, II do Código Civil).

---

[79] *Ob. cit.*, p.115.

A lei civil regula no artigo 1.066, a constituição do conselho fiscal na sociedade limitada, que poderá ser constituído de três membros ou mais e seus respectivos suplentes. Sua constituição não é obrigatória.

O conselho fiscal poderá, no entanto, ser útil na organização da relação de entes familiares com a sociedade. Os membros da família que não estejam ligados à administração da sociedade poderão exercer a fiscalização, opinando sobre as demonstrações financeiras e sobre o relatório anual da diretoria. Poderão, desta forma, exercer influência sobre o direcionamento do capital da família, sem ter que ocupar um cargo na administração da sociedade.

Órgão típico das sociedades de capital, o conselho fiscal é oriundo da Lei das Sociedades Anônimas. É regulado, no entanto, por disposições próprias do Código Civil.

Feita a opção pela constituição do conselho fiscal, seus membros serão eleitos na reunião ou assembleia anual e será formado por sócios ou não, desde que residentes no Brasil.

As atribuições e responsabilidades do conselho fiscal resumem-se a fiscalizar os atos da administração e informar a assembleia ou reunião de sócios. O conselho também terá a responsabilidade de denunciar quaisquer erros, fraudes ou crimes praticados em nome da sociedade e dar sugestões em seus pareceres que visem ao interesse da companhia. O conselho fiscal poderá convocar a reunião ou assembleia anual caso a administração não o faça.

Os membros do conselho fiscal não poderão exercer cargos de gestão na sociedade, tais como diretoria e conselho administração. Não poderá haver confusão entre as pessoas do fiscal e do fiscalizado, nas palavras de RETTO[80].

Também não podem ser membros do conselho fiscal os funcionários da empresa – em regra admitidos e demitidos pela administração que será fiscalizada. Há ainda vedação legal quanto à nomeação de membros de outros órgãos de sociedade controlada.

A lei garante aos sócios minoritários o direito de eleger um membro do conselho fiscal. A minoria, desde que qualificada, ou seja, represen-

---

[80] *Ob. cit.*, p. 154.

tante de ao menos um quinto do capital social, poderá ter um representante no órgão fiscal apto a fiscalizar os atos da administração.

Este foi um panorama geral, traçado em poucas linhas, sobre este tipo societário muito utilizado pelo empresariado nacional, mas que vem sendo visto com certa desconfiança – e está sob teste – desde suas últimas alterações pelo Código Civil de 2002.

3.5.3. A Sociedade Anônima

Este tipo societário, referido simplesmente como S.A., é regulado por lei específica, Lei nº 6.404, de 15 de dezembro de 1976, que pormenorizadamente trata da atividade da sociedade, de sua administração, da relação entre os acionistas, da emissão de valores mobiliários e de sua transparência financeira.

Apesar de ter relevante vantagem quanto à sua flexibilidade de gestão financeira e captação de recursos (companhia aberta) e exigir transparência financeira, este tipo de sociedade requer um elevado custo administrativo.

O capital social é dividido em ações e a responsabilidade dos acionistas é limitada ao valor das ações subscritas ou adquiridas. Ela pode ser aberta ou fechada, conforme os valores mobiliários de sua emissão estejam ou não admitidos à negociação no mercado de valores mobiliários.

A sociedade anônima será necessariamente mercantil e, portanto, deverá almejar sempre o lucro.

As sociedades familiares que atualmente possuem valores mobiliários negociados no mercado organizado são uma pequena e privilegiada minoria que já alcançou um grau de maturidade societária elevado e, muito provavelmente, já possui a forma de sucessão planejada.

A sociedade anônima deve prever em seu estatuto social o número e classe das ações, incluindo seus direitos e obrigações, a estrutura de administração e gestão, as assembleias de acionistas, distribuição de dividendos e a sua forma de liquidação.

O estatuto social da companhia deverá ser publicado e registrado no competente Departamento de Registro de Empresas Comerciais do estado em que estiver localizada a sua sede, antes mesmo do seu funcionamento, observadas as formalidades dos artigos 94 a 98 da Lei das Sociedades Anônimas.

As classes de ações são comumente divididas entre ordinárias e preferenciais, podendo estas ter ou não direito a voto, com restrições feitas para as companhias abertas, que não poderão ter mais do que uma classe de ações ordinárias.

As ações preferenciais sem direito a voto ou com restrições, nas companhias abertas, no entanto, não poderão ultrapassar o total de 50% (cinquenta por cento) das emitidas. O mesmo limite deverá observar a companhia fechada que pretenda abrir seu capital.

A sociedade anônima é obrigada a manter livro de registro de ações nominativas, livro de transferência de ações nominativas, livro de partes beneficiárias nominativas e o de transferência de partes beneficiárias nominativas, livro de atas de assembleias gerais, livro de presença de acionistas, livros de atas de reuniões do conselho de administração, se houver, e de atas de reuniões de diretoria e livro de atas e pareceres do conselho fiscal. Determinados livros das companhias abertas poderão ser substituídos por registros eletrônicos, observadas as normas da CVM.

São estes tipos de obrigações, juntamente com a necessidade de publicar atas de assembleias, demonstrações financeiras e convocações que fazem com que a sociedade anônima seja tida como mais complexa e custosa na sua administração.

Todos os acionistas terão o direito de participar dos lucros sociais, de fiscalizar a gestão dos negócios sociais, na forma da lei. Terão a preferência na subscrição das ações partes beneficiárias conversíveis em ações, debêntures conversíveis em ações e bônus de subscrição. Outrossim, poderão retirar-se da sociedade nos casos previstos na lei. Nem o estatuto, nem a assembleia poderão tirar esses direitos dos acionistas.

A companhia é obrigada a observar os acordos de acionistas registrados em sua sede, que tratem da compra e venda de ações, direito de preferência, direito de voto e o exercício do seu controle.

A assembleia geral é órgão deliberativo máximo da sociedade anônima, nas formas previstas nos artigos 121 a 137 da Lei Acionária.

A assembleia geral ordinária ocorrerá dentro dos primeiros quatro meses seguintes ao término do exercício social e deverá: tomar as contas dos administradores, examinar e discutir e votar as demonstrações financeiras; deliberar sobre a destinação do lucro líquido, o exercício e a distribuição de dividendos; eleger administradores e os membros do Conselho Fiscal, quando for o caso; e aprovar a correção da expressão monetária do capital social.

A assembleia geral extraordinária terá por escopo qualquer outra deliberação fora daquelas reservadas às ordinárias, tais como a alteração do estatuto social, a criação de ações preferenciais ou aumento de classe destas ações, a redução de dividendo obrigatório, remoção de membros da administração ou do conselho fiscal, a emissão de debêntures, a suspensão de direitos de votos, a avaliação de bens integralizados no capital social, a transformação, a cisão, a fusão, a dissolução e a liquidação da companhia, entre outras matérias previstas no artigo 136 da Lei das Sociedades Anônimas.

Os atos relativos à reforma do estatuto que interferirem na esfera de direito de terceiros deverão observar as formalidades de arquivamento e publicação, não podendo a falta de cumprimento dessas formalidades ser oposta, pela companhia ou por seus acionistas, a terceiros de boa-fé.

As atas de todas as assembleias realizadas devem ser publicadas.

A administração da sociedade anônima é composta pelo conselho de administração e pela diretoria. O conselho de administração, que é opcional no caso da companhia fechada, deverá ser constituído de ao menos três membros, eleitos pela assembleia geral e por ela destituível a qualquer tempo.

O conselho administrativo é o responsável pela orientação geral dos negócios da companhia; elegerá e destituirá os diretores e determinará suas atribuições, entre outras, de fiscalização e deliberação previstas no estatuto social e na lei acionária.

A diretoria, por sua vez, será composta por dois ou mais diretores, eleitos e destituíveis pelo conselho de administração, se houver, ou pela assembleia geral. O estatuto disporá sobre o modo de substituição dos diretores e o prazo de gestão, que não será superior a três anos, permitida a reeleição.

Membros do conselho de administração poderão compor até um terço da diretoria.

A representação da companhia caberá aos diretores e será regulada pelo estatuto. No caso de omissão deste, competirá a qualquer diretor a representação e a prática dos atos necessários ao seu funcionamento regular.

Os membros da diretoria, assim como os do conselho de administração, somente serão responsabilizados por obrigações da companhia se agirem em desacordo com suas atribuições estatutárias, com negligência, com improbidade ou de forma ilícita.

A companhia também poderá criar outros órgãos cujo funcionamento será atrelado à companhia, sem que com ela se misture e sem que contenha atribuições paralelas às dos demais órgãos.

Sociedades familiares numerosas, que tenham negócios de grande porte, modernizadas e com desenvolvido grau de administração e profissionalização, criaram o que se convencionou denominar conselho de família.

Formado exclusivamente por membros indicados pelos núcleos familiares existentes, a instituição deste conselho visa afastar ainda mais as tensões existentes entre os membros da família da administração do negócio. O conselho de família tem por atribuição, basicamente, opinar sobre a orientação geral dos negócios da companhia fixada pelo conselho de administração.

Em artigo publicado pelo *site* do IBGC – Instituto Brasileiro de Governança Corporativa, o seu vice-presidente, Celso C. Giacometti, destacou entre os objetivos mais importantes do conselho familiar:

"a) Atuar como guardião da cultura e princípios da família, formulando, atualizando e zelando por estes princípios e incutindo-os nos negócios;

b) Ser o meio principal para relacionamento e comunicação com as empresas, especialmente quanto às expectativas da família em relação aos negócios;

c) Ser o principal meio das comunicações das empresas para com as famílias;

d) Orientar e promover o desenvolvimento pessoal e profissional dos familiares, inclusive ajudando na escolha dos caminhos para educação formal e sugerindo mentores;

e) Desenvolver a visão da empresa como fator vital para agregação e continuidade da família e integridade do patrimônio no longo prazo;

f) Atuar junto às famílias, coordenando e colaborando no processo de indicação de novos membros para a diretoria e/ou do conselho de administração, quando for o caso;

g) Estabelecer e orientar quanto a conduta dos familiares em relação a trabalhar ou transacionar com as empresas;
h) Coordenar as reuniões da família (assembleia familiar), escolhendo assuntos, palestras, expositores, local, etc.".

Asseverou, ademais, GIACOMETTI:

"O Conselho de Família deve trabalhar de forma equilibrada. Seu interesse primário é a família e a preservação dos valores familiares, dentro de uma postura de interesse comum nos negócios. Não deve sobrepor-se a órgãos legais e regulamentares, cuja representação e responsabilidades são mais dirigidos para a eficiência do negócio em si. Assim, os Estatutos Sociais, os Acordos de Acionistas, o Conselho de Administração e a própria Diretoria Executiva, são órgão legais e legítimos, com interesse primário na vida da empresa. O Conselho de Família não se deve se envolver ou duplicar as funções previstas nestes outros instrumentos. No início poderá haver certa sobreposição, especialmente em famílias menores, mas, no decorrer do tempo, é importante manter um bom protocolo de convívio entre os agentes mencionados.
A situação de cada família é particularíssima e a introdução de um Conselho de Família só deve ser considerada se houver um claro entendimento quanto ao futuro papel deste Conselho e a iniciativa contar com apoio entusiasmado dos líderes e da grande maioria de seus componentes dos familiares".

As sociedades familiares que rumarem para a profissionalização, parcial ou total, de sua diretoria, constituindo conselhos de administração e fiscal, eventualmente até um conselho de família, enfim, organizando-se para eventual abertura de capital, poderão se valer da emissão de valores mobiliários, tais como as debêntures e os bônus de subscrição. A emissão de valores mobiliários permite que as companhias se capitalizem sem ter que se endividar com instituições financeiras.

É nítido, nos dias atuais, o movimento de concentração de capital em grandes grupos empresariais, tendo a maioria ações negociadas na Bolsa de Valores de São Paulo – BOVESPA, ou em seus segmentos como o Novo Mercado e os Níveis Diferenciados de Governança Corporativa – Níveis 1 e 2 (o que será explorado em capítulo específico).

A sociedade familiar que esteja em ramo de atividade cujos concorrentes estejam organizados da forma mencionada no parágrafo anterior deverá acertar o seu rumo para abrir o capital e buscar investidores no mercado. Do contrário, pensamos, correrá sério risco de ver a concorrência capitalizada ganhar o mercado, comprometendo seriamente a sua rentabilidade.

Capítulo 4
A Governança Corporativa

4.1. Aspectos Gerais

A governança corporativa não encontra previsão expressa no ordenamento jurídico nacional, muito embora seus princípios estejam insculpidos na legislação societária, como se verá adiante.

Trata-se de práticas de gestão adotadas contratualmente pelos empresários e que visam à valorização da empresa perante o mercado de capitais e potenciais investidores.

A prática da governança corporativa implica maior transparência contábil, financeira e societária, prestação de contas, maior equilíbrio entre os acionistas majoritários e minoritários e o respeito aos diversos interessados na companhia, os denominados *stakeholders*[81]. A atuação proba, dentro dos parâmetros legais (*compliance*), com responsabilidade socioambiental, respeito à função social da empresa e da propriedade, também é destacada entre os requisitos da governança corporativa.

Como se infere das linhas anteriores, a governança corporativa é normalmente utilizada pelas sociedades anônimas de capital aberto – muito embora haja quem defenda a sua prática por empresas de capital fechado,

---

[81] Sobre o termo *stakeholders*, anota Milton Nassau Ribeiro: *"(...) sem tradução para o português, é utilizado para designar os demais interessados nas atividades da companhia, como empregados, fornecedores, clientes, comunidade e até mesmo cidadãos e governo. Stake quer dizer risco no jargão do mercado financeiro. Stakeholder refere-se àqueles que possuem o risco associado ao desempenho da empresa ao qual se relacionam"*.

mesmo as de médio porte, como ferramentas de valorização concedidas a todos os envolvidos na suas atividades e, principalmente, a própria companhia.

Neste sentido cabe destacar o quanto frisado por Aline de Menezes Santos[82] em reflexão sobre o tema:

> "(...) a verdadeira posição da governança corporativa é a favor da empresa como um todo, sem distinção ou favorecimento a grupos minoritários ou majoritários".

É notório o papel do mercado de capitais como fomentador da economia moderna. Em economias mais desenvolvidas do que a brasileira, tais como a dos Estados Unidos da América e a da Inglaterra, o mercado de capitais é amplamente utilizado pela população economicamente ativa para a poupança pessoal e da família. Por parte da companhia, o mercado de capitais é utilizado como um grande captador de recursos para o investimento direto na atividade da empresarial.

Foi justamente naquelas sociedades em que o mercado de capitais é mais desenvolvido que grandes fraudes envolvendo companhias abertas com ações listadas em Bolsa de Valores causaram enormes prejuízos aos investidores.

Fraudes contábeis envolvendo altos executivos e auditores independentes, que procuravam atribuir às empresas saúde financeira que não possuíam, ocultando passivos e sobrevalorizando ativos, despertaram o interesse dos governos e da sociedade por alguns problemas na gestão das companhias e dos mercados de capitais. Esboçava-se aí o que viria a ser a governança corporativa e os códigos de boas práticas.

O debate se estabeleceu no primeiro momento, na década de 1990, para a resolução de conflitos internos nas empresas, visando separar as figuras do gestor e do controlador, bem como estabelecer novas técnicas de relacionamento na companhia. O desenvolvimento dessas regras culminou no que atualmente se conhece como "códigos de melhores práticas".

---

[82] SANTOS, Aline de Menezes, Reflexões sobre a governança corporativa no Brasil, Revista de Direito Mercantil, nº 130, p. 182.

O primeiro código a sugerir a adoção de práticas de governança corporativa veio a público em 1992, na Inglaterra, por meio da Comissão Cadbury[83].

Como ressalta Milton Nassau Ribeiro[84]:

"(...) esses códigos podem ser definidos como um apanhado de princípios e regras de conduta, sem força cogente, propostos por diversas organizações, governamentais ou não, sugeridos às companhias e aos seus órgãos, visando à gestão equânime daquelas".

Buscando uma definição para a governança corporativa, Paulo César Gonçalves Simões, citado por RIBEIRO[85], assim concluiu:

"Não existe ainda uma noção jurídica do termo governança corporativa, que designa, em geral, uma tendência, ainda em plena evolução nos mercados de capitais, de melhorar a relação entre os agentes de poupança pública, que circula nesses mercados, e os detentores do poder nas empresas para onde é canalizada esta poupança.

A evolução desta tendência, entretanto, tem ocorrido de forma acelerada e cada vez mais abrangente em face do fenômeno da globalização, alterando paradigmas, criando novos comportamentos e exigências por parte dos agentes, provocando o surgimento de novos mecanismos e instrumentos de mercado, influenciando alterações legislativas, suscitando debates acadêmicos no campo das várias ciências sociais, transformando-se, enfim, talvez num dos fenômenos socioeconômicos efetivamente característicos do mundo globalizado".

---

[83] Em sua obra citada na nota 71, p. 18 (nota 5), Milton Nassau Ribeiro anota: "A Comissão Cadbury foi criada para estudar a governança corporativa, depois de um grande número de escândalos que evidenciaram a necessidade de rever o papel e as responsabilidades do conselho de administração. Como resultado, publicou um relatório final de dezembro de 1992, sugerindo práticas recomendáveis de governança. Ela foi assim denominada em razão do sobrenome de seu *chairman*, Sir Adrian Cadbury".

[84] RIBEIRO, Milton Nassau, Aspectos Jurídicos da Governança Corporativa, São Paulo: Quartier Latin, 2007, p. 18.

[85] *Ob. cit.*, p. 21.

Posteriormente, vários outros códigos de boas práticas surgiram ao redor do mundo, elaborados por instituições como o Fundo Monetário Internacional, a Comunidade Europeia, o Banco Mundial, dentre outras[86]. Depois, diversos outros órgãos privados em todo o mundo criaram seus próprios códigos.

Hoje no Brasil, empresas como a Petrobrás S.A. possuem o seu próprio código. O IBGC – Instituto Brasileiro de Governança Corporativa também possui o seu, além de se voltar integralmente para o estudo e desenvolvimento da governança corporativa no Brasil. O código do IBGC é adotado por várias companhias brasileiras. Algumas companhias preferem desenvolver o seu próprio código.

O sucesso da governança corporativa é tão grande no Brasil que a Bolsa de Valores de São Paulo, BOVESPA, criou segmentos especiais de listagem de ações de companhias que se comprometam, voluntariamente, com a adoção de práticas de governança corporativa adicionais em relação ao que é exigido pela regulamentação brasileira.

Tal segmento de listagem foi denominado pela BOVESPA Novo Mercado, além dos Níveis Diferenciados de Governança Corporativa, Nível 1 e Nível 2.

A título de exemplo, tanto o Regulamento de Listagem no Novo Mercado quanto o Regulamento de Práticas Diferenciadas Nível 2 contemplam regras de transparência e de dispersão acionária, bem como regras de equilíbrio de direitos entre acionistas controladores e minoritários. A diferença, no entanto, é a possibilidade de as companhias do Nível 2 ter ações preferenciais na sua estrutura de capital. O Nível 1, por sua vez, contempla apenas as regras de transparência e de dispersão acionária estabelecidas no Novo Mercado e no Nível 2, com exceção da obrigação de divulgação de demonstrativos financeiros em padrão internacional (IFRS ou US GAAP).

Os números diariamente divulgados pela imprensa especializada mostram as vantagens que estão tendo as empresas que adotaram as boas práticas da governança corporativa. Estas empresas tiveram suas ações listadas na BOVESPA valorizadas em percentuais invejáveis.

---

[86] *Ob. cit.*, p. 18.

4.2. Fundamento jurídico da governança corporativa

Como já frisado nas linhas anteriores, a governança corporativa não se encontra positivada no ordenamento jurídico nacional, tampouco tem caráter coercitivo. Trata-se na verdade de uma obrigação contratual através da qual os controladores, ou gestores da sociedade, optam por adotar práticas de administração e conduta, observando princípios adotados pelo mercado. A adesão ao Novo Mercado e aos Níveis Diferenciados é uma opção contratual da sociedade. Preza-se pela autorregulamentação.

No entanto, a legislação nacional, sobretudo a societária, já previa, em parte, os princípios da governança corporativa, e continua incorporando outros, tal como fez a Lei nº 10.303/2001, última alteração da Lei das Sociedades Anônimas.

O fundamento legal maior da governança corporativa brasileira encontra-se insculpido no parágrafo único do artigo 116 da Lei Acionária. Estatui o referido dispositivo:

> "Art. 116. (...)
> Parágrafo único. O acionista controlador deve usar o poder com o fim de fazer a companhia realizar o seu objeto e cumprir sua função social, e tem deveres e responsabilidades para com os demais acionistas da empresa, os que nela trabalham e para com a comunidade em que atua, cujos direitos e interesses deve lealmente respeitar e atender".

Este dispositivo é considerado por alguns autores, como RIBEIRO[87], já citado neste trabalho, o marco interpretativo para as regras de governança corporativa existentes e vindouras.

O artigo 116–A da mesma lei preceitua:

> "Art. 116-A. O acionista controlador da companhia aberta e os acionistas, ou grupo de acionistas, que elegerem membro do conselho de administração ou membro do conselho fiscal, **deverão informar imediatamente as modificações em sua posição acionária** na companhia à Comissão de Valores Mobiliários e às Bolsas de Valores ou enti-

---

[87] *Ob. cit.*, p. 177.

dades do mercado de balcão organizado nas quais os valores mobiliários de emissão da companhia estejam admitidos à negociação, nas condições e na forma determinadas pela Comissão de Valores Mobiliários".

O artigo 133 da lei acionária, por sua vez, prevê:

> "Art. 133. Os **administradores devem comunicar**, até um mês antes da data marcada para a realização da assembléia geral ordinária, **por anúncios publicados na forma prevista no art. 124**, que se acham à disposição dos acionistas:
> I – o relatório da administração sobre os negócios sociais e os principais fatos administrativos do exercício findo;
> II – a cópia das demonstrações financeiras;
> III – o parecer dos auditores independentes, se houver.
> IV – o parecer do conselho fiscal, inclusive votos dissidentes, se houver; e
> V – demais documentos pertinentes a assuntos incluídos na ordem do dia".

Extraem-se dos transcritos dispositivos legais o *full disclosure*, o *compliance* e o respeito aos *stakeholders*, requisitos da governança corporativa previstos em qualquer dos códigos de boas práticas.

Ainda abordando o *full disclosure*, veja-se o que preceitua o parágrafo 6º do artigo 157 da lei acionária sobre o *dever de informar*:

> "Art. 157. O administrador de companhia aberta **deve declarar**, ao firmar o termo de posse, o número de ações, bônus de subscrição, opções de compra de ações e debêntures conversíveis em ações, de emissão da companhia e de sociedades controladas ou do mesmo grupo, de que seja titular. (...)
> § 6º Os administradores da companhia aberta **deverão informar** imediatamente, nos termos e na forma determinados pela Comissão de Valores Mobiliários, a esta e às bolsas de valores ou entidades do mercado de balcão organizado nas quais os valores mobiliários de emissão da companhia estejam admitidos à negociação as modificações em suas posições acionárias na companhia".

Sobre o tratamento equitativo entre os acionistas, a lei em questão, no artigo 15, § 2º, prevê: *"O número de ações preferenciais sem direito a voto, ou sujeitas a restrição no exercício desse direito, não pode ultrapassar 50% (cinquenta por cento) do total das ações emitidas".*

Tal previsão assegura o maior equilíbrio entre os direitos dos acionistas minoritários e majoritários.

Com respeito aos empregados da companhia, prevê o parágrafo único do art. 140 da Lei das Sociedades Anônimas a possibilidade de participação no Conselho de um de seus representantes.

A Lei n. 6.385/76, na recente reforma, tipificou como crime a manipulação do mercado, o uso indevido de informação privilegiada, assim como o exercício irregular de cargo, profissão, atividade ou função. Estas questões estão ligadas ao *compliance*, com o respeito à legislação em vigor e com as normas da Comissão de Valores Mobiliários.

Acerca da *accountability*, relacionada com a transparência, mas também com a necessidade de prestar contas por parte dos administradores, membros do Conselho Fiscal e auditores aos acionistas, a lei acionária relacionou, no artigo 163, os direitos e deveres do conselho fiscal.

Os artigos 142, inciso V, e o 176 implicam responsabilidade dos administradores pela lisura das demonstrações contábeis, relatório de administração com a situação patrimonial da companhia e as contas da diretoria. Cabe lembrar que a fraude histórica que envolveu a gigante mundial do setor de energia Enron e auditores da Arthur Andersen tinha fulcro justamente na falsificação de demonstrações contábeis e relatórios de diretoria, todos assinados pelos gestores competentes da companhia e supostamente auditadas.

Desvendada a fraude, a Enron foi à falência e a Arthur Andersen simplesmente deixou de existir, pois perdeu o seu prestígio e sua carteira de clientes.

Como se pode perceber a Lei das Sociedades Anônimas está adequada ao sistema de governança corporativa. Não se está afirmando, com isso, que ela deveria estar ou não adequada, mas o fato de estar, por si só, dá mostra da atualidade desta lei, vital ao desenvolvimento do mercado de capitais nacional e do próprio sistema econômico.

Cabe sempre lembrar, no entanto, que esse sistema de gestão não encontra seu fundamento único e exclusivo na lei, mas sim em diversos outros instrumentos, tais como regulamentos públicos e privados e práticas comerciais, visando à compatibilização dos interesses daqueles que se relacionam com a companhia, controladores, administradores, auditores externos, acionistas não controladores, conselheiros fiscais e *stakeholders*[88].

4.3. A sociedade familiar madura e a governança corporativa

Falar no movimento crescente de empresas brasileiras que estão implementando sistemas de governança corporativa implica dizer que sociedades familiares estão partindo para esta espécie de gestão.

Empresas familiares que mantinham o controle concentrado nas mãos dos fundadores, ou mesmo já em outras gerações, partiram para a implementação de boas práticas de governança e abriram o seu capital. Tais empresas tiveram imediata e significativa entrada de investidores, segundo é notório e constatado diariamente em veículos especializados.

Tanto a pessoa física poupadora quanto os fundos de investimentos, entre outros entes, têm investido pesadamente nas empresas que recém abriram o seu capital e lançaram ações na BOVESPA, no Novo Mercado ou nos Níveis Diferenciados de Governança Corporativa.

O reflexo imediato dessas medidas em favor da empresa é a captação de recursos para investimentos na sua atividade fim. Estes recursos, se fossem levantados em instituições financeiras, seriam, se obtidos, extremamente onerosos à empresa, elevando os seus níveis de endividamento.

Os controladores mais conservadores preferem não tomar estes recursos em bancos. Se forem ainda avessos às questões de transparência, *compliance*, separação entre gestão e controle, atentarão para o risco que estão correndo. Estarão fadados a ver a concorrência capitalizada pela venda de ações passar a galope e deverão rumar para o fim de uma trajetória de sucesso.

A separação entre o controle e a gestão da companhia é, como visto nos capítulos anteriores, o embrião da governança corporativa. A profissionalização da gestão da empresa – que significa tirar das mãos dos familiares a administração – é também uma opção de organização do controle e um passo importante a ser dado rumo à implementação de boas práticas de governança corporativa.

---

[88] RIBEIRO, Milton Nassau, *ob. cit.*, p. 175.

A GOVERNANÇA CORPORATIVA

Questões como a transparência contábil, o *full disclosure*, o *compliance* e o equilíbrio entre sócios majoritários e minoritários em muito ajudam àquela família empresária numerosa, com diversos ramos e acionistas com diferentes participações.

Notem que a governança corporativa pode, em muitos casos, orientar o problema do planejamento sucessório, no que diz respeito ao controle da empresa. Não se está aqui prescrevendo a governança corporativa como a panaceia dos conflitos familiares ou a solução definitiva para a transmissão do controle entre gerações. Como já frisado neste trabalho, a cooperação entre os interessados, os membros da família, é antes o principal elemento. Mas não podemos deixar de frisar que, para aquelas sociedades familiares que ainda não atentaram para a necessidade de organizar o controle e preparar-se para a saída inevitável do controlador fundador, a adoção da governança corporativa é uma estratégia a ser analisada com atenção.

A família que optar pelo sistema de gestão em voga deverá preparar-se para exercer o controle da sociedade a partir do conselho de administração. Há também quem defenda a criação de um conselho paralelo ao de administração, que seria o conselho de família. Este conselho teria atribuições específicas, com poderes sobre o conselho administrativo, tais como a designação de membros da família que ocuparão lugar naquele o conselho, forma de eleição destes membros, escolha de profissionais que poderão, eventualmente, representar no conselho os diferentes ramos familiares. Mas esta é uma questão que merece sede própria para ser aprofundada.

O que importa para este tópico é ressaltar que, dentre as diversas formas de controle sob as quais pode se organizar a sociedade familiar, a governança corporativa traz, no seu formato genérico, um modelo interessante para que ela se organize nas suas esferas administrativas, deliberativas e fiscalizadoras, prepare a sucessão e, ainda, abra o seu capital aos investidores, fomentando o negócio e se preparando para continuar competitiva, moderna e, acima de tudo, valorizada pelo mercado de capitais, pelos próprios acionistas, potenciais investidores e pelos *stakeholders*.

Capítulo 5
Conclusão

Frisamos em todo este trabalho que a cooperação é o principal de todos os elementos que garantem quaisquer das formatações de controle possíveis de uma sociedade familiar.

O pleno entendimento da importância da cooperação para a manutenção do patrimônio constituído pela família empresária é o elemento substancial para que se consolide o controle necessário.

A era do conhecimento globalizado, de acirrada concorrência e concentração econômica em grandes conglomerados, não permite que controladores de uma sociedade estejam envidando sua energia e seu tempo em questões que não sejam o negócio em si.

Demos o exemplo de duas famílias controladoras de negócios prósperos no ramo de supermercados, que viram todo o patrimônio ameaçado por questões que não eram mercadológicas ou administrativas, mas pessoais, intrigas entre irmãos que cometeram o equívoco de confundir a empresa com a família.

Milhares de casos como esses estão em processo neste momento. Algumas famílias manterão o sucesso de seus negócios, acomodando os diversos interesses envolvidos por meio de instrumentos legais que passarão pelos exemplos que citamos ao longo deste trabalho. Outras formas de controle surgirão graças à criatividade dos profissionais envolvidos na organização do controle da sociedade familiar. Tantos outros não terão a mesma sorte.

No entanto, o que determinará o sucesso ou o ocaso de uma sociedade familiar será, certamente, a capacidade de seus membros de entender que, apesar de terem sido "condenados" a sócios de seus próprios parentes, a sociedade empresarial deverá receber tratamento isento das diferenças pessoais havidas.

Quanto mais organizado o controle da sociedade familiar, maior a autonomia de seus membros em relação aos demais.

Como visto, diversas são as possibilidades para organizar o controle de tais sociedades, que dependerá das características do negócio, perfil do(s) fundador(es) e dos herdeiros, assim como das condições do mercado em que atuam.

A organização do controle por meio de sociedades *holding*, por acordos de acionistas ou de quotistas, a opção entre uma sociedade anônima e a sociedade limitada, assim como a criação de órgãos sociais, a profissionalização dos quadros de diretoria e do conselho de administração, são opções que devem considerar todas as variáveis da sociedade e de seus membros e estar sempre respaldadas de criteriosa orientação profissional.

A governança corporativa como método de gestão da sociedade, em todos os seus aspectos, deve ser observada com parcimônia pela família que está iniciando um processo de organização. Por abordar todas as esferas de uma sociedade, a administrativa, a deliberativa e a fiscalizadora, e estar altamente valorizada no mercado de capitais moderno, a governança corporativa e os seus códigos de boas práticas podem ser adotados pela sociedade familiar como forma de organização do controle e ao mesmo tempo de valorização da empresa.

E como visto no início deste trabalho, não só o profissional do Direito deverá estar envolvido nesta decisão. Administradores de empresas, economistas e, eventualmente, psicólogos têm grande contribuição a dar no processo de organização do controle de uma sociedade empresa familiar.

Da obra de KIGNEL e WERNER[89], destaca-se o trecho que, no nosso entender, resume bem o pensamento que está implícito neste trabalho:

> *"Não há soluções fáceis, e as decisões já tomadas não devem ser aceitas como dogmas apenas por serem oriundas da geração anterior. A cada momento a família empreendedora precisa revisitar seus próprios conceitos para garantir a per-*

---

[89] *Ob. cit.*, p. 226 e 227.

CONCLUSÃO

petuidade. Não são as definições do passado que asseguram o futuro, mas são as decisões presentes, aprendidas com a experiência passada, que poderão assegurar a perenidade da empresa e da família. (...)
   Perpetuidade não se faz com uma única geração, mas com o comprometimento da primeira com a sucessora e assim por diante. A busca da perenidade é um fim em si mesmo que se renova a cada geração".

O desafio é complexo e os interessados devem empregar muita energia neste processo. Cremos que o investimento é altamente rentável, tanto para a sociedade empresarial quanto para todos os familiares, presentes e futuros. E também para a sociedade como um todo, que dá à empresa a sustentabilidade comercial necessária.

BIBLIOGRAFIA:

BERLE, Adolf Augustus; MEANS Gardiner C., A moderna sociedade anônima e a propriedade privada; 2ª edição. Tradução de Dinah de Abreu Azevedo, São Paulo: Nova Cultural, 1987.

BERTOLDI, Marcelo M.. Acordo de acionistas. São Paulo: Editora Revista dos Tribunais, 2006.

BORBA, José Edwaldo Tavares, Direito Societário, 9ª edição rev. aum. e atual., Rio de Janeiro, Renovar, 2004.

COMPARATO, Fábio Konder e FILHO, Calixto Salomão: O poder de controle na sociedade anônima. Rio de Janeiro: Forense, 2005.

CARVALHOSA, Modesto, Comentários ao Código Civil. São Paulo: Saraiva, 2003, volume 13.

– Comentários à Lei das Sociedades Anônimas. São Paulo: Saraiva, 2003.

CORRÊA-LIMA, Osmar Brina, Sociedade Anônima. Belo Horizonte: Del Rey, 2005.

COSTA, Armando João Dalla, Ciência e Opinião, Caderno da escola de Negócios da Unibrasil, Curitiba, v. 2, nº 2, p. 193-221, 2004.

FILHO, Calixto Salomão. O novo direito societário. São Paulo: Malheiros Editores, 1998, 2ª edição.

FLORIANI, Oldoni Pedro, Empresa familiar o... inferno familiar. Curitiba, Juruá, 2002.

FONSECA, Priscila M. P. Corrêa da, Dissolução parcial, retirada e exclusão de sócio no novo Código Civil, 2ª edição, São Paulo: Atlas, 2003.

FRANCO, Vera Helena de Mello, O triste fim das sociedades limitadas no Novo Código Civil. Revista de Direito Mercantil, vol. 123.

KIGNEL, Luiz e WERNER René A., "... e Deus criou a empresa familiar: uma visão contemporânea". São Paulo: Integrare Editora, 2007.

LEÃES, Luiz Gastão Paes de Barros, Comentários à Lei das sociedades anônimas. São Paulo: Saraiva, 1978, volume 2.

LOBO, Jorge coordenação, A reforma da lei das S.A., São Paulo, Atlas, 1998.

LODI, João Bosco, Sucessão e Conflitos na Empresa Familiar: São Paulo, Pioneira, 1987;

– A ética na empresa familiar: São Paulo, Pioneira, 1994.

MICKLETHWAIT, John e WOOLDRIDGE, Adrian, A Companhia: breve história de uma idéia revolucionária. Tradução de S. Duarte. Rio de Janeiro: Objetiva, 2003.

MIRANDA, Edson Antonio. Execução específica dos acordos de acionistas. São Paulo: Juarez de Oliveira, 2000.

RETTO, Marcel Gomes Bragança, Sociedades Limitadas. Barueri – SP: Manole, 2007.

RIBEIRO, Milton Nassau, Aspectos jurídicos da governança corporativa, São Paulo: Quartier Latin, 2007.

RIZZARDO, Arnaldo, Factoring, 3ª edição, São Paulo: Editora dos Tribunais, 2004.

ROCHA, João Luiz Coelho da. Acordo de acionistas e acordo de cotistas. Rio de Janeiro: Lumen Juris, 2002;

– As Sociedades por Quotas como Sociedade de Capitais: Revista de Direito Mercantil, vol. 122.

SANTOS, Aline de Menezes. Reflexões sobre a governança corporativa no Brasil. Revista de Direito Mercantil, nº 130.

SZTAJN, Raquel, Teoria jurídica da empresa: atividade empresária e mercados, São Paulo: Atlas, 2004.

TEIXEIRA, Egberto Lacerda, Das sociedades por quotas de responsabilidade limitada, 2ª edição, atualizada de acordo com o Novo Código Civil, por Syllas Tozzini e Renato Berger. São Paulo: Quartier Latin, 2006.

VELOSO, Paulo Roberto, "A pequena e a média empresa familiar no contexto da economia globalizada", Passo Fundo, UPF, 2000.

ÍNDICE

CAPÍTULO 1 – SOCIEDADE FAMILIAR	9
1.1. Aspectos gerais	9
1.2. A geração fundadora, o sucesso do empreendimento e o papel da cooperação	11
1.3. A complexidade dos relacionamentos. Problemas à vista	14
1.4. Momento de preparar a sucessão	17
1.5. O Direito de Família no Código Civil de 2002	21
CAPÍTULO 2 – O CONTROLE	25
2.1. Aspectos gerais	25
2.2. Conceito de controle	28
2.3. Natureza jurídica do	31
2.4. Tipos e situações de controle	32
2.4.1. Controle Interno	32
2.4.1.1. Controle através da propriedade quase total	32
2.4.1.2. Controle Majoritário	33
2.4.1.3. Controle por meio de mecanismo legal	34
2.4.1.4. Controle Minoritário	35
2.4.1.5. Controle Administrativo	36
2.4.2. Controle Externo	39
2.4.2.1. Controle externo derivado da dependência econômica	41
2.4.2.2. Controle externo derivado de contrato	44
CAPÍTULO 3 – FORMAS RELEVANTES DE ORGANIZAÇÃO DO CONTROLE	47
3.1. Aspectos gerais	47
3.2. *Holding*. A atividade empresarial da *holding*	47

3.2.1. Os tipos de sociedade *holding*	50
3.2.2. Tipos societários que podem constituir a *holding*	52
3.3. Acordo de acionistas e acordo de quotistas	54
3.4. Estrutural	61
3.4.1. Transformação	64
3.4.2. Incorporação	66
3.4.3. Fusão	67
3.4.4. Cisão	67
3.5. Sociedades limitadas *versus* sociedade anônima	68
3.5.1. As esferas de administração, deliberação e fiscalização	71
3.5.1.1. Esfera de administração	72
3.5.1.2. Esfera de deliberação	74
3.5.1.3. Esfera de fiscalização	77
3.5.2. A sociedade limitada	77
3.5.3. A sociedade anônima	81
CAPÍTULO 4 – GOVERNANÇA CORPORATIVA	87
4.1. Aspectos gerais	87
4.2. Fundamento jurídico	91
4.3. A empresa familiar madura e a governança corporativa	94
CAPÍTULO 5 – CONCLUSÃO	97
BIBLIOGRAFIA	101